꿈과 끼를 키우는 자유학기제

꿈과 끼를 키우는

| 자유학기제 연구학교 이야기 |

자유학기제

교육부·한국교육개발원 기획
자유학기제연구학교교사모임 지음

라임

자유학기제, 교육 개혁의 출발점

학생 한 명 한 명의 꿈과 끼를 키워 주는 자유학기제는 2013년 2학기에 전국 42개 연구학교를 시작으로, 이제는 행복 교육의 비전을 실현하는 핵심 교육 정책으로 자리 잡아 가고 있습니다.

자유학기제 연구학교가 첫발을 내딛었을 당시에만 해도 여러 사회적 우려가 있었지만, 학부모와 지역 공동체, 일선 교사들의 적극적인 협력과 도움으로 학교 교육의 변화 가능성을 보여 준 교육 혁신의 대표 주자가 되었습니다. 이 기회를 빌려 교육 현장에서 많은 노력과 정성을 기울여 주신 교육 가족 여러분께 진심으로 감사드립니다.

우리 교육부는 자유학기제를 운영하고 있는 연구학교들을 자주 방문하면서 현장의 고충을 듣고 정책 추진 방향을 잡아 갔습니다. 인천의 한 선생님은 "시험 문제보다 학생들의 흥미를 어떻게 유발시킬지를 가장 고민한다."라고 말하기도 했고, 울산의 한 선생님은 "힘들지만 자유학기를 추진하는 과정이 교사가 되려고 할 때 꿈꾸었던 내 모습."이라며 열정을 다해 학생들을 지도하기도 했습니다.

교원들에게만 변화가 있었던 것은 아닙니다. 제주의 한 학부모님은 "자유학기를 통해 아이도 달라지지만 부모도 달라진다."라며 사춘기 자녀와 미래의 꿈에 대한 대화를 나눌 수 있어 무엇보다 좋았다고 감동을 전했습니다. 학교에서 만난 환한 표정의 아이들은 "중간·기말고사의 시험 부담에서 벗어나 꿈을 찾고 생각할 수 있는 여유가 생겨 즐겁다."라고 한목소리로 말합니다.

여러 사람들의 의견을 들을수록, 자유학기제가 우리 교육을 근본적으로 변화시키는 계기가 될 수 있다는 확신이 들었습니다. 물론 2016년 전면 시행을 앞두고 해결해야 할 과제도 많이 남아 있습니다. 학생들의 학업 능력 향상과 더불어 체험 활동 지원을 위한 인프라 구축 등 각 시·도 교육청 및 유관 기관과 협력·지원이 더욱 보완되어야 할 것입니다.

또한 학교 공동체의 더욱 적극적인 참여도 필요합니다. 자유학기제는 각 학교의 여건에 따라 자율적으로 교육 과정을 편성·운영하는 데 가장 큰 장점이 있습니다. 교육부나 시·도 교육청에서는 큰 틀의 방향만 제시하고, 구체적인 교육 프로그램은 교육 구성원이 주체가 되어 자유롭게 선택할 수 있습니다.

자유학기제가 한 학기 만에 성과를 거둘 수 있었던 것도 교육의 본질적 가치를 추구하는 자유학기의 취지를 이해하고 각 학교의 특색을 살려 다양한 프로그램을 운영한 교육 현장의 창의적인 노력 덕분입니다.

이러한 노력의 성과가 여러 선생님들의 손을 거쳐《꿈과 끼를 키우는 자유학기제》로 발간된다고 하니 무엇보다 감사한 일입니다. 이 책에는 자유학기제 연구학교를 운영하신 선생님들이 학교 교육을 통해 우리 아이들에게 꿈과 적성을 찾아 주고, 행복한 삶을 설계하도록 만드는 생생한 과정이 담겨 있습니다. 학생들의 꿈과 끼를 키우고 행복한 학교 문화를 만들기 위해 노력하시는 전국의 선생님들과 학부모님이 참고하시면 많은 도움이 될 것입니다.

다시 한 번《꿈과 끼를 키우는 자유학기제》를 제작하고 마련하는 데 많은 관심을 쏟아 주신 관계자 여러분께 감사드리며, 아울러 학교 교육 혁신과 공교육 정상화를 위해 더욱 주도적인 역할을 맡아 주시길 간곡히 부탁드립니다. 감사합니다.

교육부 장관

서남수

'자유학기제'가 우리에게 절실한 이유

초조함과 설렘으로 자유학기제의 시동을 건 때가 어제인가 싶은데 벌써 2년차가 되었다. 무심한 관망에서부터 '성공은 턱도 없을 것'이라는 극단적인 부정까지, 가 보지 않은 길에 대한 세간의 우려 섞인 목소리 속에서 42개 연구학교의 출발은 외로웠지만 의연하고 씩씩했다.

우리나라 자유학기제의 성공 여부는 훗날 역사가 가름해 주겠지만, 나는 자유학기제의 첫 수혜자인 우리 학교 2학년 아이들의 모습을 통해 직관적으로 알아차린다.

'시험이 없으니 풀어져 있겠지.' '체험 활동만 했으니 산만하겠지.' 등 외부의 예상과는 달리, 아이들이 수업 시간에 보여 주는 긍정적인 에너지는 온 교실을 가득 채우고도 남았다. 학생들의 대답과 발표, 질문이 많은 수업, 우리가 그토록 추구했던 '학생 중심 수업'이 어느덧 가까이 와 있는 것이다.

자유학기 교육 과정을 함께 고민하고 꾸려 갔던 우리 학교 TF팀은 지난해 "이 좋은 자유학기제를 왜 안 해?"라고 말할 정도로 자유학기제에 대해 뚜렷한 확신을 갖게 되었다.

중학교 여섯 개 학기 중 단 한 학기, 자유학기가 보여 준 영향력은 당초 예상보다 진폭이 크고 파장이 넓었다. 시험 부담에서 벗어나 토론·실습·체험 활동을 통해 스스로 꿈과 끼를 찾는 교육 과정을 넘어, 일반 학기에까지 영향을 끼쳐 중학교 전체 학년 수업에 변화를 가져오고 있다. 어느새 '역동적인 학교'가 된 것이다.

전혀 의도하지 않았는데 '덤'처럼 따라온 이 자연스러운 흐름이 자유학기제의 놀랍고도 매력적인 메커니즘이다. 나는 머지않아 이런 흐름이 공교육의 질을 높이고 고질적인 입시 제도를 바꿔, 아이들이 행복한 학교생활을 할 수 있는 전환점이 될 것으로 기대한다.

정기 고사 출제와 진도에 얽매여 엄두가 나지 않았던 프로젝트 수업이나 체험 수업, 토론 수업에 대한 활발한 시도와 확산도 시험이 없는 자유학기였기 때문에 더욱 속도가 붙을 수 있었다. 새로운 수업에 한껏 신이 나서 참여하는 아이들을 본 교사들은 고무되었고, 이어 타 학년 수업으로까지 변화의 움직임이 전달되는 건 당연한 수순이었으리라.

하지만 시범 운영 삼 년 중 중반부로 접어든 지금도 일부에서는 자유학기를 '노는 학기'로 잘못 인식하고 있는 것 같다. 시험이 없으니 학생들이 놀게 될 것이라는 추측은 자유학기제를 겉에서만 바라본 오해에 불과하다. 시험을 앞두고 받는 스트레스, 며칠간 달달 외우는 공부, 시험 후 느끼는 해방감. 이 익숙한 과정이 눈에 보이지 않으면 그저 '노는' 것일까? 시험 대신에 수업 시간에 손끝을 움직여 활동하고, 머릿속에서 충분히 사고한 다음에 토론과 발표를 하고, 오후 진로 탐색 활동에서 '앞날'에 대해 충분히 고민해 보고, 급우들과의 협력 활동에서 새롭게 발견하게 되는 '자신의 모습'이야말로 하나의 공부다. 어찌 보면 가장 중요한, 자유학기제가 아니면 경험하기 어려운 '살아 있는 공부'다.

평생 지겹도록 보는 시험, 한 학기쯤 쉬면 좀 어떤가. 좀 더 크고 긴 안목으로 자유학기제를 바라보자. 시험 스트레스를 잠시 접고 내가 사는 세상에 대해서, 막연하지만 '자신의 생각을 시작'하는 계기가 되어야 한다. 그리고 내가 무엇을 좋아하는지, 나는 어떤 모습으로 이 세상을 살아가고 싶은지 머릿속에 그려 볼 수 있는 힘을 갖게 되어야 한다.

생각 없이 그저 휩쓸려만 가는 대책 없는 학령기가, 진로에 대한 고민으로 엄청난 사회적 비용을 양산하는 30대까지 연결되고 있지 않은가? 중학교 교육 과정의 궤도 수정은 불가피한 일이다. 더 늦기 전에 시작하자.

> 지금 우리 교원과 학부모에게 필요한 것은 '긍정 마인드'다.
>
> 해 보지도 않고 의심하지 말자.
>
> 그리고 겪어 보지 않고 걱정하지 말자.

부평동중학교 교감

표혜영

:: 차례

3 눈을 돌리면 꿈이 보인다

4 흔들리지 않고 피는 꽃은 없다

5 자유학기제, A에서 Z까지

1

자유학기제, 이렇게 준비하자!

수업 개선과 자율 활동의 아름다운 이중주 _인천 부평동중학교

Chapter 1

수업 개선과 자율 활동의 아름다운 이중주

인천 부평동중학교 | **이승순**

부평동중학교는 총 20학급 600여 명의 학생들과 40여 명의 교사들로 이루어진 44년 역사의 축구 명문 학교이다. 학교가 있는 인천광역시 부개동은 부평구와 경기도 부천의 경계로, 다소 낙후한 도심 지역이다. 학부모들은 자녀 교육에 대해 관심은 높으나 맞벌이 부부의 비율이 높아 학교 행사 참여에는 소극적이다. 학교 인근에 부평구 청소년수련관, 부개도서관, 웅진플레이도시 등 지역 사회 인프라 구축에 유리한 여건이 조성되어 있어 체험 활동을 다양하게 계획할 수 있었다. 교육 경력 20년 이상의 선생님이 54.56%로 학교 현장에 대한 이해 및 참여가 높은 편이며, 40여 명의 선생님 중 25명이 자유학기제 TF팀으로 1학년 교육 과정을 개발·운영하고 있다.

학교가 아파요

4월의 아침은 아름다운 수채화를 넘어 강렬한 유화처럼 빛난다. 노란색 개나리, 분홍빛 진달래뿐 아니라, 갓 돋아나기 시작한 부드러운 융털 같은 새잎들에서 물기 묻어나는 파릇함이 전해져 온다.

입학한 지 이제 겨우 한 달이 된 잘 씻어 놓은 밤톨 같은 신입생들도,

조금 의젓해진 2학년들도, 훌쩍 늘어난 키에 거뭇거뭇 콧수염이 짙어져 이목구비가 달라진 3학년들도 교문을 들어설 때면 제법 활기차다.

그렇다면 교실 안은 어떨까? 신나는(?) 월요일 아침, 교실 안을 살펴볼까?

"사랑합니다!"

꾹 선생은 교실을 한번 휘둘러보며 아이들의 표정을 살핀다. 열심히 숙제하는 아이, 친구와 떠들고 있는 아이, 멍하니 앉아 있는 아이, 엎드려 자는 아이까지, 주말을 보내고 온 아이들의 표정과 행동이 가지각색이다.

"애들아, 주말 잘 보내고 왔지?"

"아니요! 힘들어요. 죽겠어요."

"어허, 잘 쉬고 와서 무슨 딴소리야? 주말에 숙제는 안 하고 뭐하다 와서 이렇게 정신이 없니?"

늘상 보는 아침 교실 풍경이건만, 오늘도 꾹 선생은 아이들의 모습에

서 행복한 월요일, 생기 도는 아침을 느끼기보다는 나른하고 멍한 무기력함을 본다.

교무실로 돌아오는 꾹 선생은 아침부터 지쳐 보이는 아이들의 모습에서 안타까움을 느낀다.

"가희 샘, 샘 반 아이들도 기운이 없어요?"

"우리 반 놈들은 왜 아침부터 처져 있는지 모르겠어요."

"요즘 애들이 불쌍하긴 해요. 너무 바쁘잖아요. 왜 공부하는지도 모르면서 그냥 끌려다니는 애들이 대부분이고요. 꿈도 없이……."

"네, 어떨 땐 진짜 뭐하는 건가 싶어서 속상할 때도 많아요."

벌써 다섯 개 학교를 거쳐 부평동중학교에 근무하는, 어느새 교직 생활 20년차가 된 꾹 선생이 어렵지 않게 목격하고 고민하는 학교 현장이다. 언제쯤 우리 아이들은 자신의 진로에 대해 명확한 비전을 갖고 꿈과 끼를 마음껏 발휘할 수 있으려나.

자유학기제의 포문 열기

개학을 하고 얼마 지나지 않아 들려온 건 바로 자유학기제 연구학교 공모 소식이었다. 자유학기제의 취지와 목표는 부평동중이 처해 있는 학생, 학부모, 지역 사회의 열악한 환경 속에서 학교와 학생이 꿈꾸는 교육 목표를 구현하기에 최적의 정책이었다. 정말 간절한 마음으로 연구학교 신청서를 작성하여 제출했고, 드디어 4월 말에 영종중학교와 더불어 인천광역시 자유학기제 연구학교로 지정되었다.

TF팀 선생님들의 회의 모습.

막상 연구학교로 지정이 되자, 당장 맨땅에서 모든 프로그램을 개발해야 한다는 데 생각이 미쳤다. 2학기가 시작되는 8월 말부터 자유학기제를 시행하려면, 6월부터 8월까지 두 달의 시간도 그리 길다고 볼 수 없었다. 막막하고 마음이 너무 급했다. 그런 와중에 자유학기제 운영을 성공적으로 진행하기 위해서는 빈틈없는 프로그램 구성이 성공의 열쇠라는 생각이 들었다.

그래서 TF팀을 구성하면서도, 급한 마음을 누르고 분과 이름 하나하나를 정하는 데 심혈을 기울였다. 이른 더위에 연방 손부채질을 하면서 교무실에 삼삼오오 앉은 채로 말이다.

여러 의견을 큰 소리로 외쳐 대면서 나온 분과 이름이 바로 '이끔 분과', '미래 열음 분과', '마음 성찰 분과', '행복 채움 분과'였다. '가만가만 마음을 살피고, 두근두근 미래를 열고, 콩닥콩닥 행복을 채우자.'라는 의미를 담아 분과 이름을 짓고 환하게 웃던 기억이 새삼스럽다.

밀어주고 끌어 주는 오전-오후

자유학기제 운영 분과를 중심으로 자유학기제를 통해 구현할 목표와

:: 부평동중학교 자유학기제 교육 과정 운영 모형

학생 자율 선택 혼합 모형

요일 시간	월	화	수	목	금
1	기본 교과(국·수·사·과·영·도) 편성 (19시간)				
2					
3					
4				스포츠 활동	
5	창의적 진로 개발 활동 프로그램 (SCEP)	창의 공작, 창업가 정신 Wi-Fi 프로그램	마음 성찰 프로그램		문화 예술 프로그램
6					
7					
	자율 과정 주당 14시간				

활동을 요일별로 구성하고, 그에 따라 프로그램을 개발했다. 또 프로그램을 실질적으로 운영할 방안을 마련하기 위해 워크북을 제작하고 우리와 함께할 외부 프로그램을 찾아 연결했다.

오전 기본 교과는 국어, 영어, 수학, 사회, 과학 등 총 19시간으로 구성했다. 학생과 학부모들의 기초 학력 저하에 대한 우려를 감안하여 주요 과목 시수는 그대로 유지하기로 했고, 주당 5시간이 배정되어 있던 국어와 주당 2시간이 배정되어 있던 도덕 과목은 선생님들이 합의하여 1시간씩 감축하기로 했다.

그 외에 음악, 미술, 체육 등 예체능 교과목과 기술·가정 과목은 오후 자율 프로그램 안에 포함시켜 활동하기로 했으며, 교과 시수가 변동된 선생님들이 오후 선택 프로그램을 맡아 학생 지도와 프로그램 운영을 담당하기로 했다.

또한 기본 교과의 시수 축소와 수업 개선에 따라 평가 방법을 달리 설계하고, 교과별로 교육 내용을 재구성했으며, 교과 협의회를 통해 교과별 융합 단원을 추출해 내었다.

그리고 오후 시간은 학생들이 자율적으로 선택할 수 있는 혼합 모형으로 새롭게 구성했다. 축소된 기본 교과 시간을 대신하여 운영될 SCEP(School Career Education Program : 한국직업능력개발원에서 개발하고 이미 여러 학교에서 시범 운영되고 있는 창의적 진로 개발 활동 프로그램), 창의 공작, 창업가 정신 Wi-Fi, 마음 성찰, 스포츠 활동, 문화 예술 등 다양한 프로그램을 요일별로 계획하였다.

월요일 : SCEP 모형 기반 진로 탐색 활동 운영

월요일은 각자 진로를 탐색하는 시간이다. SCEP 모형을 기반으로 〈내 꿈에 CHAMP〉 워크북을 활용한 진로 탐색 활동을 운영했다. 이때 각 교실에 들어가서 학생들에게 직접 워크북의 내용을 지도하고 이끄는 일은 교과 시수를 조정할 때 자율 선택 프로그램으로 흡수된 교과목인 음악, 미술, 체육, 기술·가정, 한문 과목 선생님들이 맡게 되었다.

물론 이렇게 월요일 프로그램을 운영하게 된 선생님들은 진로 교육에 있어 전문성이 부족했기에, 매주 한 차례씩 협의회를 열어 지난 시간 수

월요일 활동을 하는 학생들 모습.

업 내용을 검토하고 다음 수업 내용의 전개 방향과 보완할 사항에 대해 진지하게 토론했다. 또한 교감 선생님과 SCEP 담당 선생님이 상세한 지도안을 짜고, 나머지 선생님들이 그 내용을 공유하기도 했다.

화요일 : 진로 체험 프로그램 운영

화요일은 월요일에 진행했던 진로 탐색에 이어지는 진로 체험의 시간이다. 월요일부터 금요일 프로그램 중 학생들의 반응이 가장 좋았던 프로그램 중 하나로 손꼽힌다.

하지만 운영하는 입장에서는 화요일 프로그램을 계획할 때 가장 많은 어려움을 느꼈다. 학생들의 흥미를 이끌어 내면서 자연스러운 진로 탐색으로 이끌 수 있는 프로그램을 찾기가 쉽지 않았기 때문이다.

실제로 발품을 팔고, 인터넷으로 검색하고, 알음알음 정보를 공유하여 하자센터, 한국청소년정책연구원, 청소년수련관, 중소기업중앙회, 인천시립예술단 등 외부 협력 기관의 관계자들과 릴레이로 미팅을 진행했다. 그러나 서로 원하는 내용과 일정, 예산 등이 맞지 않아 프로그램을 구성하는 데 어려움을 느낄 수밖에 없었다.

이때, 가뭄에 단비와 같은 소식! 부평구 청소년수련관에서 매주 화요일 오후에 2시간씩 60여 명의 학생을 3개 반으로 나누어 '건축학 개론', '창의 공작 기계', '난타 타악과 퍼포먼스' 수업을 진행할 수 있다고 제안을 해 온 것이다. 즉시 학생 수요를 조사해 이공계와 예술 분야에 관심이 있는 학생들을 모집했고, 결과적으로 수준 높은 교육을 받을 수 있었다.

사실 잘 몰라서 그렇지, 청소년 정책 연구와 관련된 여러 기관들이 청소년 교육과 관련된 사업을 하고 있었다. 그런데 이런 청소년수련관, 청소년문화의집과 같은 기관들 역시 예산, 인력난 등 열악한 환경에서 사업을 진행하고 있다고 한다. 따라서 이런 기관들도 예산을 따기 위해 다양한 사업을 기획할 필요가 있고, 우선적으로 학교와 함께 사업하기를 희망하는 경우가 많았다.

막상 여타 단체와 접촉을 해 보니, 오히려 그동안 학교의 문턱이 높았다며 자유학기제를 통해 함께 사업을 추진하는 데 적극적으로 환영하는 분위기였다. 학교 측에서는 청소년수련관의 좋은 시설을 이용할 수 있고, 전문적인 프로그램을 지원받을 수 있으니 서로 윈-윈할 수 있는 좋은 기

화요일 '창의 공작 기계' 수업과 화요일 '난타' 활동 체험 모습.

회라고나 할까?

이렇게 청소년수련관에서 활동을 한 60여 명의 학생을 제외한 나머지 130여 명의 학생들은 '창업가 정신 Wi-Fi'라는 창업 프로그램을 캠퍼스 맨토라는 기관을 통해 4개 반으로 나누어 활동할 수 있도록 구성했다.

수요일 : 마음 성찰 프로그램 운영

부평동중이 운영한 프로그램 중에서 가장 많은 주목을 받은 것이 바로 마음 성찰 프로그램이다. 수요일에 실시한 마음 성찰 프로그램은 큰 의미에서 '진로' 안에 포함되는 과정으로 볼 수 있는데, 자신의 진로 탐색 이전에 나를 알고, 너를 이해하고, 더불어 행복하자는 프로그램이다.

자아 탐구 6주, 힐링 체험 5주, 행복 찾기 2주, 자아 발견 2주 순서로 진행되며, 이런 일련의 과정을 마음 성찰 프로그램 워크북인 〈마음에 징검다리 가꾸기(일명 마징가)〉 안에 담아내었다.

마징가를 제작하는 과정 역시 쉽지 않았다. 마음 성찰 분과에서 프로그램 구성을 위해 교감 선생님의 안내로 '창의 인성 교육 포럼'에 신청서를 냈지만, 워낙 사람들의 관심이 높은 포럼이기에 전국에서 100명만 참가하는 포럼에 참여할 수가 없었다.

그래도 포기할 수 없다는 생각에 청강만이라도 하고자 무작정 포럼이 진행되는 성균관대학교로 향했다. 막상 도착하자 초대받지 못한 설움에 어설프게 활동에 참여할 수밖에 없었고, 포럼 자료도 남으면 주겠다는 푸대접(?)을 받았으나, 그룹 활동에서 타고난 손재주로 과제를 예쁘게 만들면서 결국 여러 가지 자료와 정보를 얻을 수 있었다.

이 포럼에서 얻은 〈행복 교과서〉를 토대로 '감사하기', '관계 돈독하게 하기', '닉 부이치치 만나기' 등 여러 프로그램을 구상할 수 있었다. 또한 인터넷 사이트 다음의 '행복 교과서'라는 카페를 통해 아바타 만들기, PPT 파일 등의 자료를 지속적으로 얻을 수 있었다.

그 외의 프로그램은 부평동중의 '위클래스'를 담당하고 있는 김소은 선생님이 전임 학교인 부평여중에서 진행하여 반응이 좋았던 '장애인 체험을 통해 다름에 대한 생각 넓히기', '원예 체험', 'MBTI 검사', '음악회를 통한 전문 직업인과의 만남' 등 다양한 프로그램을 기획하여 워크북

안에 담아내었다. 또 인근의 부개도서관과 업무 협약(MOU)를 맺어 독서 프로그램을 학교 안으로 가져올 수 있었던 것도 상당히 좋은 기획이었다는 생각이 든다.

앞서 화요일 프로그램을 계획하면서도 느꼈지만, 수요일 프로그램을 준비하면서 다시 한 번 학교를 중심으로 지역 사회의 협력을 이끌어 낼 수 있다는 사실을 확인할 수 있었다. 물론 쉽지는 않다. 그러나 발로 뛰어 협력망을 만들어 연결한다면, 함께 성장할 수 있는 프로그램이 생각보다 다양하다. 학교와 지역 사회가 힘을 합해 학습 생태계를 조성하는 것이 가능하다고나 할까? 학교가 지역 사회 안에 있으면서도 너무 닫혀 있지는 않았는지 다시 한 번 생각해 보는 좋은 기회가 되었다.

협력 기관들과 프로그램을 함께하면서 아쉬웠던 경험도 있었다. 처음 프로그램을 계획하는 단계에서 도움을 받고 싶었던 기관 중 가장 대표적인 곳이 '하자센터'였다. 하자센터의 '모의 창업'은 꼭 참여하고 싶은 프로그램이었다. 그러나 자유학기제 연구학교로 지정된 것이 4월 말이었기에 협력 기관들의 한 해 계획이 다 짜여 있었다. 다시 말하면, 한 학기 동안 그런 사업들을 함께할 수 없다는 의미였다.

할 수 없이 비슷한 프로그램을 운영하는 '캠퍼스 멘토'의 '창업가 정신 Wi-Fi' 프로그램을 도입했는데, 이에 600여만 원의 예산이 소요되었고, 프로그램의 질적인 측면에서도 조금씩 부족함을 느꼈다. 이런 경험으로 미루어 볼 때, 협력 기관들의 한 해 계획이 수립되는 시기에 학교에서도 협의를 시작해야 할 것으로 보인다.

1

2

3

1 1인 1식물 가꾸기 수업. 2 자서전 만들기 활동. 3 멋진 나의 행복 아바타.

목요일 : 스포츠 활동 운영

남학생들이라서 그런지, 목요일에 실시한 4시간짜리 스포츠 활동은 상당한 인기를 끌었다.

학교에서 걸어서 10분 거리에 큰 규모의 레저 타운이 있다. 여기에서 수영, 스키, 볼링 프로그램을 3주 순환으로 진행했다.

일단 가장 큰 강점은 가까이에 있다는 점이었다. 아무리 좋은 프로그램이라 할지라도 학교에서 멀리 떨어져 있다면, 아직 어린 중학교 1학년 학생들에게는 안전 문제, 시간 운용 등의 어려움이 생기게 된다.

그렇지만 문제점도 있었다. 가장 큰 문제는 활동비 부담! 한 번에 오천 원에서 만 원이 넘는 활동비를 자유학기제 예산에서 전부 지원해 줄 수 없고, 결국 3주 동안의 프로그램 활동비는 학부모 몫이 되었다. 학교에서 기초 수급 대상자는 50%, 차상위 계층은 20% 활동비를 지원해 줬으나,

목요일 스포츠 활동 중 스키 강습을 받는 학생들.

나머지 경제적 부담은 고스란히 부모가 떠안을 수밖에 없었다.

따라서 3주를 제외한 나머지 기간에는 교내에서 '아이돌 육상 선수권 대회', '모두의 패드민턴', '꿈나무 탁구 대회' 등 체육 선생님과 스포츠 강사들을 주축으로 리그전 형태의 교내 체육 프로그램을 실시했다.

마치 양날의 칼과 같은 느낌이었다. 프로그램의 질을 높이자니 경제적인 부담이 따르고, 경제적 부담을 줄이자니 선생님의 노동 강도가 높아지는 동시에 학생들의 만족도가 떨어질 수밖에 없었다.

금요일 : 문화 예술 선택 프로그램 운영

문화 예술 체험 활동은 모두 8개의 프로그램으로 구성했는데, 그중 마술반을 두 반으로 나누어 총 9개 반이 운영되었다.

그런데 결과적으로 외부 전문 강사를 초빙하여 이루어진 활동들에 대한 만족도가 훨씬 높았다. 예를 들어 마술반의 경우 다양한 마술 도구를 이용해서 흥미를 이끌어 낼 수 있는 여러 활동을 진행했는데, 수업에 참여한 학생들은 한 학기 내내 즐거워했다.

그러나 교내 예체능 과목 선생님이 운영하는 'Music Club', 'Art Club' 등의 프로그램은 상대적으로 만족도가 낮았다. 학생들에게는 선생님이 운영하는 동아리 활동이 그저 수업의 연장선으로 보였는지도 모르겠다. 학생들에게 왜 열심히 하지 않으면서 동아리에 들었느냐고 물었더니, "돈이 안 들잖아요."라고 했단다. 슬픈 현실이다.

금요일 마술반 활동에 참여한 학생들.

질적으로 좋은 프로그램을 만들기 위해서는 전문가가 학생들을 지도하는 것이 가장 좋다. 그러나 전문가 초빙은 경제적, 현실적으로 학교와 학부모에게 부담을 준다. 그렇다고 학교 선생님들이 지도하자니 전문가가 아닌 선생님들의 업무 피로도와 학생 만족도 저하 등 많은 선결 과제들이 생겨났다.

결국 자율 프로그램 역시 담당 선생님의 몫이라면, 선생님들에게도 한 분야의 특기를 키울 수 있는 전문적인 연수 프로그램이 마련되어야겠다는 생각이 자유학기제를 실시하는 내내 머릿속에서 떠나지 않았다.

두 명에서 육십 명까지, 내 꿈이 나를 밀어 간다!

자유학기제를 맞이하여 '내 꿈이 나를 밀어 간다!'라는 구호 아래 학생들 스스로 꿈을 갖고 그 꿈을 탐색하는 과정, 그리고 이를 통해 자신의 꿈을 구체화할 수 있는 기회를 주고 싶었다. 그래서 2, 3학년 2학기 중간고사 기간을 이용해서 직업 체험의 기회를 계획했다.

이를 위해서 가장 먼저 해결해야 할 일은 다양한 직업 체험장 발굴이었다. 그러나 생업의 부담에서 자유로울 수 없는 학부모들의 참여를 이끌어내는 데는 한계가 있었고, 결국 일터 발굴 역시 오롯이 선생님들 몫으로 남게 되었다. 그렇게 모두 45개 일터를 발굴할 수 있었다. 물론 학생들의 다양한 수요를 담아내기에는 턱없이 부족한 숫자였지만, 그 안에서 학생들이 원하는 일터와 연결시키는 작업을 치밀하게 진행했다.

여기서 잠깐!

일터 선정, 이것만은 주의하자!

처음 직업 체험을 엄선하고 학생과 연결시킬 때는 최소한의 학생을 한 일터에 보내는 게 효과적일 것이라고 판단했다. 그러나 정작 직업 체험을 실시하고 나서는 생각이 달라졌다. 학생들이 체험을 할 일터의 가장 우선적인 조건은, 학생들에게 직업 체험을 시킬 수 있는 전담 기구와 전담 프로그램이 있느냐 없느냐의 여부였다.

예를 들어, 학생 두 세 명이 학교 인근에 있는 카센터로 직업 체험을 갔을 때였다. 정말로 자동차 정비에 관심이 많은 학생들이 원해서 체험을 갔음에도 불구하고, 카센터에는 직업 체험에 대한 마인드도 프로그램도 없었다. 그러니 방문한 학생들을 전담해서 체험을 이끌어 줄 사람이 없었다. 카센터에서 일하는 사람들도 학생들을 안전상, 지도상의 문제로 부담스러워했고, 학생들은 우물쭈물 기웃거리기만 하다가 오는 꼴이 되어 버렸다.

반면에 60여 명의 학생들이 한꺼번에 참여한 산업 인력 관리 공단의 직업 체험은 체계적인 프로그램과 학생 교육 전담 전문가의 지도로 만족도 높은 직업 체험을 맛볼 수 있었다.

삼 일간의 직업 체험은 사실 계획서만 100쪽이 넘는 엄청난 작업이었다. 단순하게 일터와 학생만 연결하는 것이 아니라, 체험 전, 체험 당시, 체험 후의 계획이 함께 수립되어야 했기 때문이다. 이는 일터와 학교 간의 관계 형성이라는 문제와 연결되어 있었고, 내년에도 이 모든 일터를 체험장으로 활용해야 했기에 방문했을 때의 주의 사항, 마음가짐 등 예절 교육과 더불어 인성 교육까지 함께 이루어져야 했다.

물론 힘들게 준비에만 긴 시간을 투자한 활동이었던 만큼, 직업 체험 활동을 통해 학생들은 많은 것을 얻을 수 있었다. 또한 활동이 끝나고 엽서 쓰기를 통해 감사의 마음을 체험했던 일터에 직접 전달하는 활동도 의미가 있었다.

여기에서 기대하지 않았던 감동 하나. 아이들이 쓴 감사 엽서에 대한 답장이 왔다는 사실! 답장을 받은 아이들은 큰 행복을 느꼈을 것이다. 이를 지켜보는 선생님들도 학생들이 한 학기 동안 자신의 꿈에 한 발 더 다가갈 수 있는 유용한 기회를 얻었음을 확신할 수 있었다.

자유학기제, 돛을 달고 새로운 항해를 시작하다

앞서 정리한 일련의 과정들이 4월 말 자유학기제 연구학교로 선정되고 나서부터 정말로 숨 가쁘게 달려온 지난 일 년의 모습이다.

부평동중은 시작이 좋은 학교였다. 우선 자유학기제의 기본 토대로 볼 수 있는 진로 교육의 필요성에 대한 분위기가 자유학기제 시행 이전부터

조성되어 있었고, 모든 선생님들이 학교 안에서 행복을 찾지 못하고 공허한 성장을 하고 있는 아이들에게 새로운 돌파구를 마련해 주어야겠다는 문제의식을 갖고 있었다.

따라서 이런 공감대를 기반으로 직접 프로그램을 개발하고, 발로 뛰면서 외부 협력 기관을 찾고, 협력 프로그램을 학교 안으로 가져오는 등, 여름 방학을 지나 새 학기가 시작될 즈음에는 차질 없이 자유학기제가 운영될 수 있도록 만반의 준비를 갖춘 상태였다.

물론 그럼에도 불구하고, 현실적으로는 수많은 시행착오와 운영상의 허점, 탁상공론의 현실에 맞부딪칠 수밖에 없었다. 그러나 자유학기제가 시작되는 2학기가 되기 전, 꼼꼼하고 세심한 준비를 해 놓았기에 자유학기제의 정말 중요한 본령인 '교실 수업 개선'과 '자율 활동 운영'의 쌍두마차가 힘차게 내달릴 수 있었다.

이런 일도 있어요!

부평동중학교 선생님들의 'Mind Up!'

자유학기제 준비 단계에서 제일 먼저 수립한 계획은 교직원들을 대상으로 다양한 연수 참여 및 자체 연수를 추진하는 일이었다. '진로 학회 포럼', '진로교육학회 학술 대회', '자유학기제 포럼', '자유학기제 연구학교 워크숍' 등 모든 자유학기제 관련 행사에 교감 선생님과 TF팀이 참가하여 자유학기제의 취지를 이해하고 개념과 기본 방향을 파악하는 등 전문성을 강화했다.

또한 교직원을 대상으로 한 역량 강화 연수, 학생과 학부모를 대상으로 한 진로 연수, 자유학기제 설명회 등을 실시하여 자칫 '노는 학기'라는 오해에서 벗어날 수 있도록 지속적으로 노력했다. 자유학기제를 성공적으로 운영하기 위해서는 참여하는 선생님, 학생, 학부모의 마음가짐이 성공의 밑바탕이 되리라는 믿음 때문이었다.

자체적으로도 '교장, 교감 선생님의 전 교사 대상 연수', '한국교육개발원 최상덕 소장 초청 연수', '한국직업능력개발원 진미석 박사 초청 연수', '교육청 주관 영종중·부평동중 합동 교원 역량 강화 연수(9시간)' 등 다양한 연수를 실시했다.

교원 역량 강화 연수 중 한 장면.

특히 교원 역량 강화 연수는 교실 수업 개선 방향에 초점을 맞춰 강사 섭외에 심혈을 기울였는데, 각 과목별로 전국에서 성공적인 수업 개선으로 검증 받은 강사들을 섭외했고, 일정과 강의 내용을 조율하기 위해 며칠 동안 전화통만 붙들고 있었다.

어느 학교나 마찬가지겠지만 늘 일상에 쫓기는 선생님들은 대부분 연수를 흔쾌히 받아들이지 못한다. 이를 불식시키기 위해서는 성취감을 맛볼 수 있는 양질의 연수가 필요하다.

우리 학교에서도 개학하자마자 진행되는 연수에 불만을 가진 선생님이 더러 있었지만, 강사 섭외는 물론 장소 물색, 식사 준비, 강의실 자리 배치까지 꼼꼼하게 준비한 결과 연수에 대한 만족도는 높은 편이었다.

이런 과정이 있었기에 자유학기제를 성공적으로 진행할 수 있었다고 믿어 의심치 않는다.

2

수업이 변하면 학생들이 춤을 춘다

Chapter 1

변화하는 수업, 바뀌는 학교

서울 동작중학교 | **서유정**

동작중학교는 서울특별시 동작구 동작동 국립현충원 근처에 있는 18학급 540명 규모의 학교이다. 2013년 교육부 지정 자유학기제 연구학교로 지정되어 수업 방법 개선을 위해 담당 선생님들이 밤낮을 가리지 않고 노력했다. 각 교과별로 교과 연구 동아리를 구성하여 수업 개선을 진행했는데, 여기에서는 주로 수학 교과 위주의 사례를 담고 있다. 동작중학교는 교과 교실제 학교이므로 수학 교과의 경우 수준별 수업을 진행했다는 점이 하나의 특징이며, 자유학기제를 맞아 주로 1학년 교과목을 담당한 선생님들이 연구에 참여했다.

이거 시험에 나와요?

몸도 마음도 쑥쑥 자라나는 중학생. 이때는 아이들 스스로도 감당이 안 되는 시기이다. 그래서 "무서운 중학생은 건드리지 말라."는 우스갯소리가 있을 정도이지만, 대부분의 학생들은 열심히 공부한다. 하루의 절반 이상을 학교에서 보내고, 방과 후에도 다양한 보충 학습을 하는 것이 우리나라 중고생의 현실이다. 아마도 단군 이래 최고의 학습량이리라.

그런데 OECD 국가 중 우리나라 중고생들은 수학·과학 과목에서 높은 성취도를 보이는 데 비해, 교과에 대한 흥미도와 자신감은 현저히 낮은 것으로 나타난다. 즉 열심히 공부하지만 공부에 흥미는 없다고나 할까? 더욱 우려스러운 점은 장래에 무엇을 할지 생각해 보지 않은 학생이 많다는 점이다.

"오늘 배운 내용 중에 질문 있니?"

"학원 샘은 그렇게 안 풀던데요. 공식에 넣으면 답 나오는데 꼭 저렇게 해야 해요?"

"공식을 유도하면서 답을 구하는 과정을 알아야 공식도 잘 쓸 수 있지."

"귀찮은데……, 과정을 꼭 써야 해요? 이거 시험에 나와요?"

"아무렴, 너 때문에라도 꼭 시험에 내야겠다."

교실에서 너무나 익숙한 광경이다. 항상 아이들 입 막을 때 쓰는 마지막 말이 '시험에 나오니까 중요하다'는 으름장이니. 그런데 자유학기제를 맞이하여 지필 평가가 없어진다니……, 왠지 비장의 무기(?) 하나가 사라지는 느낌이다.

학교 선생님이 아닌 친구들을 만나면 우리나라 학교 수업은 왜 바뀌지 않느냐고 질문한다. 그러면 나는 모든 교사들을 대표해서 항변한다. 수업 시간에 얼마나 바쁜지, 진도를 나가려면 숨 돌릴 틈도 없다고 말이다.

하지만 이제 진도 걱정 없이 교육 과정을 재구성해서 다양한 방법으로 수업을 해야 한다! 변명거리가 없어졌다고나 할까? 아, 이 많은 수업 시간에 뭘 해야 할까?

자유학기제는 초·중·고 총 24개 학기 중 한 학기 정도 아이들에게 자신의 장래에 대해 차분히 생각해 볼 수 있는 시간을 주자는 취지이다. 그렇다고 아이들하고 마냥 놀 수만은 없고……. 아니, 지금도 수업에 집중하지 않는 아이들을 데리고 내가 무엇을 할 수 있을까?

일단 기존의 수업 방식으로 자유학기제를 헤쳐 나가기는 무리일 것 같아 수업에 변화를 줘야겠다는 생각이 먼저 들었다. '재미있는 수업, 아이들이 신나게 참여할 수 있는 수업은 어떤 걸까?' 이런 고민을 하던 중 방학을 맞이하게 되었다.

세상을 보는 눈을 바꿔 보자

내가 중학교 1학년이었을 때, 교감 선생님이 우리 교실에 보강을 들어온 적이 있었다. 그때 맨 앞에 앉아 있던 나에게 질문을 던졌다.

"너희는 왜 학교에 와서 공부를 하니?"

"어……, 공부가 재미있어서요."

"정말로 공부가 재미있어서 하는 거냐?"

"아니요, 그게……, 잘 모르겠어요."

학교에 와서 공부하는 게 당연한 것 아닌가? 뭐, 저런 말도 안 되는 질문을 하시는 걸까, 하고 의아하게 생각했다. 그런데 그때 교감 선생님이 들려준 답이 30여 년이 지난 지금에 와서 너무도 또렷이 떠올랐다.

"공부란 세상을 보는 눈을 배우는 거란다. 중학교에는 교과별로 선생님이 여러 분 계시지 않니? 국어 선생님께는 국어라는 틀로 세상을 보는 눈을 배우고, 수학 선생님께는 수학이라는 틀로 세상을 바라보는 눈을 배우는 거야. 못 배운 사람은 이런 틀이 없어서 매우 불편하지."

그동안 아이들이 나를 통해 어떤 세상을 바라보았을지 걱정스러웠다. 내가 보여 준 틀에 맞춰 진학에는 성공할지 모르겠지만, 스티브 잡스 같은 인재로 자라나지는 못할 것 같다.

과거에는 '한 우물 파기' 식 주문이 주를 이뤘다면, 이제는 '장벽을 허무는' 바람이 불고 있다. 21세기의 대표 상품인 스마트폰만 해도 기술 공학만의 산물이 아니니까.

그래서 그런지 기업에서 가장 먼저 학제 간 융합의 필요성을 느끼고 변화를 주도한다. 이런 세계적인 흐름에 따라 최근 우리나라도 융합의 중요성을 외치고 있지만, 정작 학교 현장에서는 그런 인재를 키워 낼 준비가 부족한 느낌이다.

그 전에도 수업 방법의 개선을 위해 꾸준히 노력해 왔지만, 다른 교과와의 융합 수업은 처음 해 보는 것이었다. 게다가 교과 특성상 시험과 밀접한 관련이 있는 수학 과목의 경우, 지필 평가가 없어진다는 사실 자체만으로도 기존 수업과는 달라질 수밖에 없는 상황이었다.

그 전까지는 어떻게 하면 아이들에게 학습 주제를 머릿속에 잘 구조화시킬 것인지에 초점을 맞췄다면, 이제는 지식의 전달이 아니라 지식의 융합을 경험할 수 있는 수업이 되어야만 했다. 여태껏 이미 만들어진 지도안을 기초로 수업을 진행했다면, 이제는 담당 선생님이 재량권을 갖는 새로운 수업 환경이 되었다고나 할까? 의욕은 넘치는데 너무 막막하고 마음만 앞서는 느낌이었다.

이런저런 생각 끝에 수업을 바꾸려면 나부터 세상을 바라보는 눈을 바꾸지 않으면 안 되겠다는 생각이 들었다. 그래서 2학기에 배우는 수학 단원 중 기하 부분부터, 도형의 아름다움을 느끼고 실생활에서의 쓰임을 알 수 있도록 각 교과와 융합할 수 있는 수업 주제를 정해 보았다. 고민 끝에 교과의 브랜드명도 'Math is beautiful'로 정했다.

큰 틀을 정하니 속도가 붙기 시작했다. 막연하던 계획도 구체적으로 가닥이 잡혀 갔고, 다른 교과 선생님들의 도움으로 많은 아이디어가 쏟아져 나왔다. 이렇게 기대 반, 걱정 반 속에 준비를 마치고 자유학기제를 맞이하게 되었다.

이런 거 왜 해요?

기본 도형인 점, 선, 면에 관한 수업 중 첫 차시에 진로 연계 교과 수업을 진행해 보았다. 사실 점이 모여서 선이 된다는 내용은 보통 언급만 하고 지나가는 그다지 중요하지 않은(?) 학습 주제다. 하지만 오늘은 점 스티커로 자신의 장래 희망을 표현하고 발표하는 활동으로 연결시켰다.

"샘, 그냥 쓰면 되는데 점으로 일일이 붙이려니까 손에 쥐 나요."

"야, 성형외과 의사가 그냥 되는 줄 아냐? 손에 쥐 나는 거 이상으로 머리에 쥐가 날 만큼 공부를 해야 의사가 되는 거야."

"그럼, 가수 할래요. 가수는 두 글자잖아요."

"넌 〈K팝 스타〉도 안 봤니? 노래 연습, 춤 연습을 몇 년씩 해도 될까 말까야."

"이런 거 왜 해요? 그냥 말로 하면 되지."

불평불만이 이만저만이 아니다. 아이들은 자신의 장래에 대해 진지하게 생각해 보지 않는다. 아니, 생각할 틈이 없다는 표현이 더 알맞을 것이다. 게다가 요즘에는 모든 게 고속 열차마냥 빨리빨리 지나다 보니 과정은 항상 축약형으로 생략되기 일쑤다. 그래서 과정은 어찌 되었든, 꿈만 이루면 된다고 가볍게 생각한다.

이런 의미에서 점 스티커를 하나하나 붙이면서 꿈을 이루는 과정의 중요성을 알게 하는 것이 오늘의 학습 목표였다. 수많은 점이 모여서 선을 만드는 것처럼, 순간순간 최선을 다하면 그 순간들이 모여서 꿈을 이룰 수 있다는 것을 느끼게 해 주고 싶었다. 그러니까 다시 말하자면 '인생에 공짜는 없다'는 것!

그런데 불평을 하던 아이들도 친구들이

수학과 진로를 연계한 융합 수업.

예쁘게 꾸민 활동지를 보더니 아까와는 달리 조금만 시간을 더 달라고 난리다. 게다가 발표 시간에 산만하게 떠들 줄 알았더니, 의외로 집중하면서 직업 관련 질문을 하는 모습을 보고 절로 웃음이 나왔다.

일 년 동안 말 한마디 안 하고 지내는 소극적인 친구들까지 모두 발표

여기서 잠깐!

자라나는 꿈(활동지) : 학생 작성

① 과거의 내 모습

유치원 때 나는 작은 키에 유치원 원복을 입었던 기억이 난다. 그림을 열심히 그리고 색칠 공부, 수학 공부도 열심히 했었다. 초등학교 때는 키가 점점 커지고, 영어 학원, 수학 학원을 다니게 되었으며, 용돈을 받아 내가 사고 싶은 물건도 사고, 휴대폰도 사용하게 되었다.

② 현재의 내 모습

초등학교를 다닐 땐 사복으로 아무거나 입었지만, 지금은 교복을 입는다. 게다가 어렸을 때만 입었던 치마를 입는다. 새로운 아이들과 만나 놀게 되었지만, 학원에 갔다가 6시가 되어 집에 들어가기 때문에 애들과 만날 시간이 별로 없다.

③ 미래의 내 모습(직업과 관련해서)

30년 뒤면 나는 마흔네 살이 된다. 이때 나는 디자이너의 꿈을 이뤄 열심히 디자인 공부를 하며 옷을 만들고 쇼핑몰도 운영할 것이다. 또 미국에서 열심히 공부하고 와서, 옷, 신발, 모자 등을 새롭게 만들 것이다.

④ 해당 직업을 희망하는 이유

어렸을 때는 요리사가 꿈이었지만, 요리를 하다 보니 무언가 꾸미는 걸 좋아한다는 사실을 알게 되었다. 그래서 액세서리를 만들고 필요 없는 옷으로 바느질, 뜨개질을 하면서 주머니를 만들게 되었다. 이렇게 하다 보니 디자이너의 꿈을 갖게 되었고, 열심히 그림도 그리게 되었다.

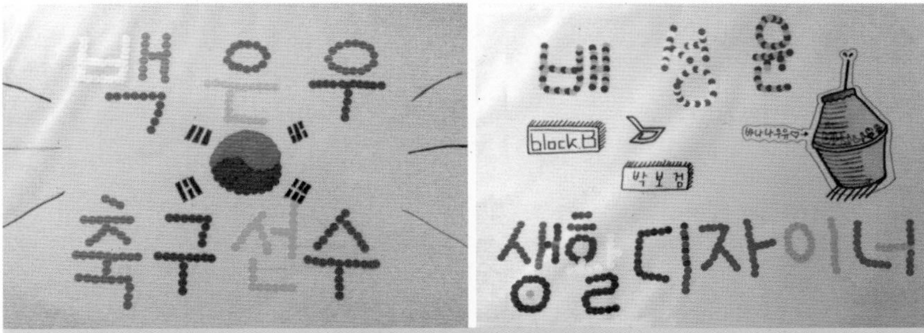

점으로 꿈을 표현한 활동지.

를 마쳤다. 한 친구가 게임 시나리오 작가가 꿈이라고 했을 때 그런 직업을 처음 들어 보는 학생들이 있었다. 부자가 꿈이라거나 연예인의 부인이 될 거라는 친구들도 있었다. 문득 직업에 대한 개념이 아직 형성되지 않았으므로 지도가 필요한 부분이라는 생각이 들었다.

수업 후기를 받아 보니 많은 직업을 알게 되어 도움이 되었고, 반 친구들의 꿈이 멋있어서 다시 보게 되었다는 소감이 적혀 있었다. 한 학기의 시작에 불과했지만, 생각보다 반응이 좋았기에 학생들에게도 또 나에게도 용기를 준 수업이었다.

지금부터 채우면 되지요!

수학에서 직선이 만나는 네 가지 경우를 '위치 관계'라고 한다. 이를 인간관계와 관련지어 생각해 보는 수업을 해 보기로 했다. 인간은 태어나서 죽을 때까지 수많은 관계를 맺으며 살아간다. 그중에서 심리적으로 가까운 관계도 있지만, 그렇지 않은 경우도 있다. 이를 수학을 통해 표현해 보는 융합 수업이다.

① 두 직선이 일치하는 경우 (내가 좋아하고 친밀하게 느끼는 사람)

② 두 직선이 평행한 경우 (10년 이상 나를 알고 지내는 사람)

③ 두 직선이 만나는 경우 (한때는 가까웠는데 지금은 멀어진 사람)

④ 두 직선이 꼬인 위치 (알기는 하지만 그냥 지나치거나 관심 없는 사람)

위치 관계 단원은 정리할 내용이 많아서 마인드맵을 그리기로 했는데, 이를 교우 관계로 연결해서 표현해 보도록 했다.

"철수(가명)야, 왜 안 하니?"

"전 적을 사람이 없어요. 애들이 다 저를 싫어해요."

"어머, 그러니? 난 나만 그런 줄 알았는데……. 우리 학교 애들도 나 좋아하는 사람 없잖아. 우리 그런 놈들은 모두 4번에 쓰자."

"치, 선생님은 샘이잖아요."

"야, 말도 마. 난 학교에서 컴퓨터랑 제일 친해."

"……사람 아닌 걸 써도 돼요?"

"그럼, 나랑 마음만 통하면 되지."

결국 철수는 1번에 자기가 키우는

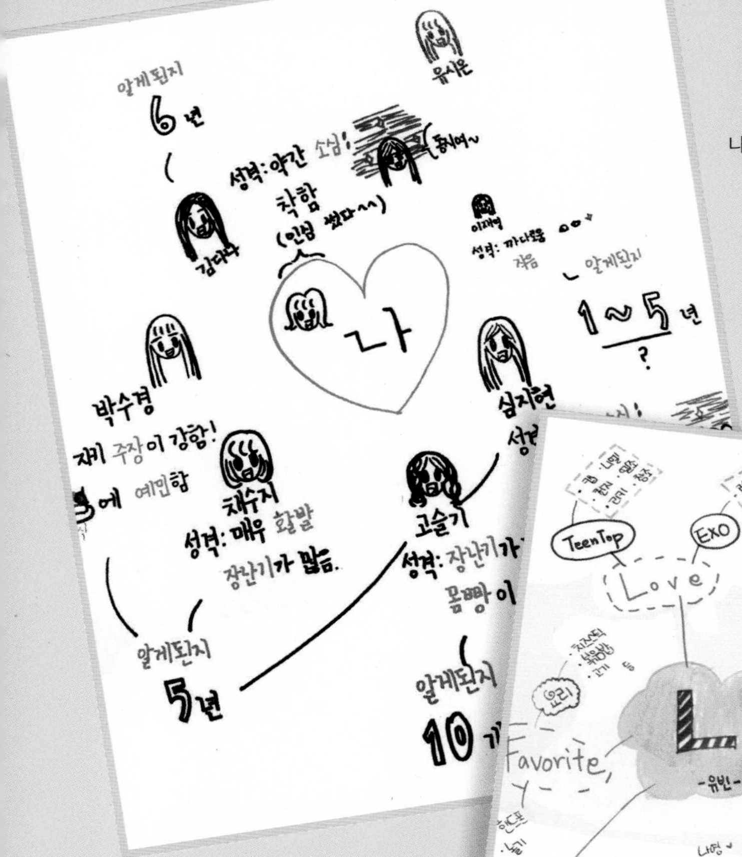

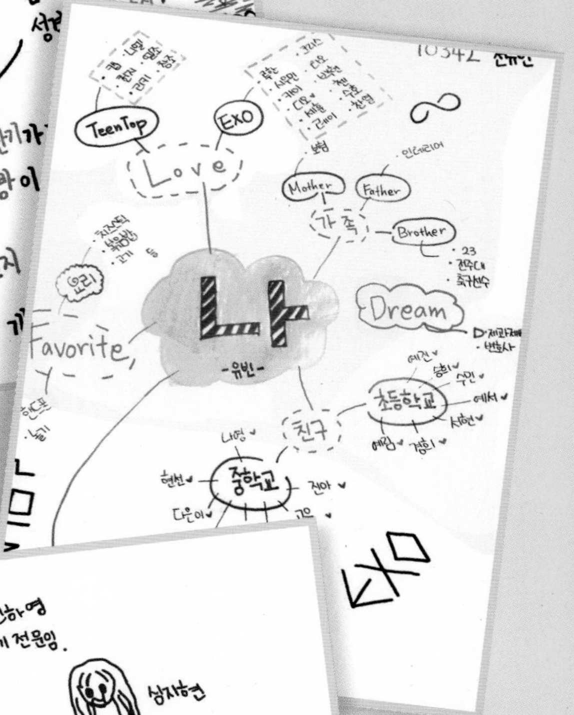

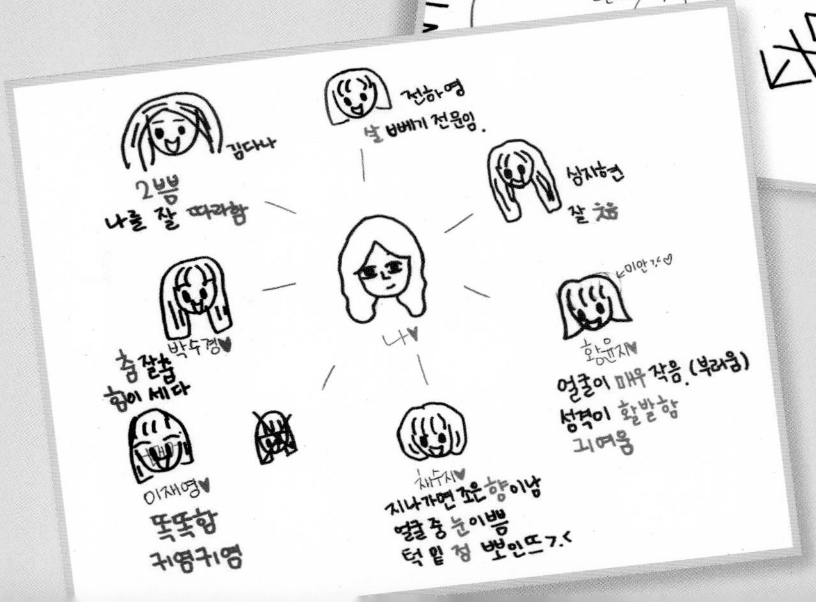

나의 위치 관계 마인드맵 그리기 결과물.

강아지를, 2번에는 할머니와 게임을, 3번에는 체육관 관장님을 써서 채워 넣었다.

나는 철수를 보며 이 수업을 계획했던 걸 많이 후회했다. 그래서 해당 활동은 발표를 시키지 않고 개인 파일로 정리만 해 두었다. 그런데 여기서 반전! 학기말이 되어 개인 파일을 나누어 줄 때였다. 철수는 자신의 파일을 받자마자 이렇게 말했다.

"샘, 전 이게 제일 마음에 들어요."

"응, 개를 너처럼 잘 그리는 애는 없을 거야."

"아니, 그게 아니고요. 4번은 다 찼잖아요. 그런데 1번이나 2번은 아직 빈칸이니까요."

나는 철수의 말을 들으며 인간은 스스로 희망을 만드는 존재라는 생각이 들었다. 수업을 통해 나 역시 아이들에게 하나씩 배우고 있었다.

이야기가 꼬리에 꼬리를 무는 수업

"곤니치와~."

수업 시작과 동시에 내가 일본어로 이야기를 하자 아이들의 눈이 휘둥그레진다.

"우아! 선생님, 원래 일본 사람이에요?"

"한국인으로 위장한 거예요? 혹시 첩보원?"

"어떻게 선생님이 그럴 수가 있어요?"

"워매, 한국말을 워찌 그리 잘 한댜~."

사실은 치매도 예방할 겸, 여행 갈 때 도움이 될 것 같아 틈틈이 외국어 공부를 조금씩 한 정도이다. 유창하지 않은 일본어로 아이들의 관심을 끈 뒤, 한비야 작가의 책《바람의 딸, 걸어서 지구 세 바퀴 반》을 소개하고 세계 지도를 보여 주자 아이들이 저마다 한마디씩 하느라 정신이 없다.

오늘 수업 시간에는 국기를 그리기로 했다. 인터넷으로 선택한 나라에 대한 기본 사항을 조사하고 국기에 얽힌 상징도 알아보라고 했다. 예전부터 평면 도형 단원에 들어가면 진행했던 수업이었는데, 아이들에게 도형이 일상생활에서 어떻게 활용되는지 보여 주고 싶었다.

국기 그리기 활동.

수학 시간에 가장 많이 듣는 질문이 수학을 배워서 어디에 쓰냐는 것이다. 막연히 '인지 능력이 향상되므로 열심히 해야 한다.'는 대답은 안 하느니만 못한 너무나 뻔한 답이다.

수학의 본질은 추상성이다. 사람들 머릿속에 있는 막연한 생각을 구체적으로 나타내는 도구인 것이다. 사람의 생각을 어찌 말로만 표현할 수 있겠는가? 그래서 춤으로, 음악으로, 숫

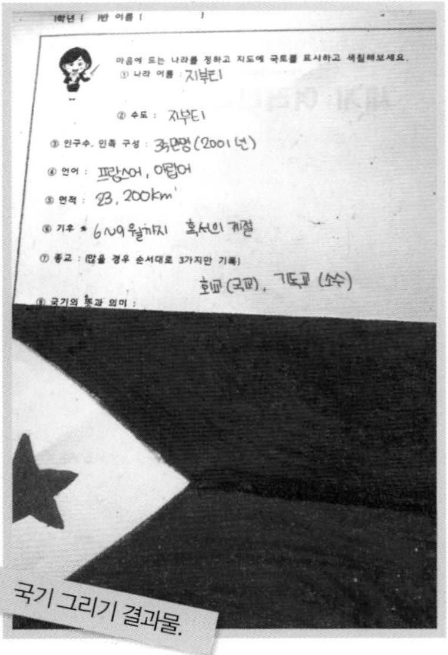

국기 그리기 결과물.

자로, 도형으로 나타낸다.

이 중에서 각 나라를 대표하는 국기는 도형으로 상징 체계를 만들어 내는 좋은 예다. 국기는 대부분 대칭형의 도형을 사용한다는 공통점이 있으며, 국기에 사용된 이등변 삼각형은 단순히 세모가 아니라 많은 의미를 포함하고 있다. 아이들이 국기를 만들면서 '다각형은 수학 문제를 풀기 위해 만들어진 게 아니라, 인간의 머릿속을 표현하는 도구'라는 사실을 알게 하고 싶었다.

컴퓨터실로 가는 대신에 스마트폰을 이용하라고 했다. 축구 온라인 게임 덕분일까? 의외로 아이들이 나라와 국기를 상당히 많이 알고 있었다. 남들이 조사하지 않은 특이한 나라의 국기를 그린 사람에게 상품을 걸었더니 순식간에 왁자지껄 소란스러워진다.

"시끄러워서 잠을 잘 수가 없어."

"야, 넌 잠이 오냐? 폰 줄게. 얼른 해. 너, 어느 나라 할 거야?"

"글쎄, 난 상투메 프린시페로 할까?"

"히히히, 그런 나라도 있냐?"

"피파 순위 완전 낮아."

"이 자식아, 넌 게임 폐인이야. 그만 좀 해."

국기를 그리면서 어제 집에서 있었던 일, 게임하면서 있었던 일, 동대문에 놀러 갔던 일 등 수다가 끝이 없다. 활동 수업이 많아지면서 자연스럽게 아이들 사이에 대화가 많아지고, 굳이 서로 알려고 하지 않았던 온갖 이야기까지 오간다. 분위기가 마치 일감을 가져와서 일하고 놀면서 얘기하는 시골 사랑방과 비슷하다. 잠자는 친구는 깨워서라도 같이 활동을 하고, 그러다 보니 서로 잘 알게 되고, 친해지는 것 같다. 아이들끼리 커가는 느낌이다.

샘, 미국 수학 시간보다 재미있어요!

"오늘 수학 수업을 가사실에서 해요?"

"그래, 오늘은 부추전 부칠 거야."

"부추전이 뭐예요? 배틀?"

영수(가명)는 미국에서 돌아와 편입한 학생이다. 미국에서 공부를 잘했는데, 1학기 때는 적응하느라 조금 힘들어하는 듯 보였다. 하지만 오늘은 가사실에 들어서자 환호성부터 질러 댔다. 영수뿐만이 아니라 고소한 기름 냄새에 남학생들은 이미 이성이 마비된 모습이었다.

오늘은 원과 부채꼴에 대해 배우는 날이다. 어떻게 하면 쉽게 설명을 할 수 있을까 궁리를 하다가 기술·가정 과목의 전 부치기 단원과 융합 수업을 추진하게 되었다. 다른 때도 소란스런 수업이긴 하지만 오늘은 흡사 잔칫날 분위기다.

조별로 부추전을 석 장씩 부쳐서 각각 3등분, 5등분, 6등분을 한 다음

3등분 한 조각 위에 6등분 두 조각을 얹고, 5등분 한 조각을 가지고 나오면 조별로 합격을 시켰다. 똑같이 나눈다는 건 고대인들에게 중요한 문제 중 하나였다.

5등분을 하는 건 쉬운 문제가 아니라서 아이들이 갑론을박하던 부분이다. 실패하면 다시 해 보도록 했다. 전을 부치고, 부친 전을 나누다 보면, 결국 부채꼴의 넓이는 중심각과 밀접한 관계가 있다는 것을 몸으로 체험할 수밖에 없었다.

수업은 모둠별로 진행했는데, 평소에 조용하던 여학생이 능숙하게 프라이팬을 휘두르는 모습에 남자아이들이 눈을 휘둥글게 떴다. 주눅이 든 양 하라는 대로 말도 잘 듣고, 설거지도 잘 하고, 여학생 말에 아주 고분고분했다. 평소에 옆에 안 앉을 정도로 꺼리는 친구들이 서로 머리를 맞대고 전을 먹는 모습을 보니 흐뭇하기까지 했다. 영수는 미국 수학 시간에는 요리를 했던 적이 없다며, 수업 시간 내내 무척이나 신기해했다.

밥을 같이 먹는다는 건 사람 사이에 친밀함을 나타내는 것 같다. 가장 기본적인 인간 활동을 같이 한다는 건 솔직한 내 모습을 보여 주는 것이니까. 인사만 주고받은 사이는 간혹 잊기도 하지만, 밥을 같이 먹었던 상대는 금방 기억이

[1] 배가 고프니 일단 전부터 부쳐 볼까? [2] 와, 우리 잘 하고 있나 봐! [3] 3등분, 5등분, 6등분으로 나눠 보기. [4] 부추전 나누기 완성! [5] 이제 먹을 시간이다!

나니 말이다.

그래서였을까? 학기말이 되어 아이들의 강의 평가서를 살펴보니, 대부분이 가장 기억에 남는 수업, 다시 하고 싶은 수업으로 부추전 수업을 꼽았다.

원래 1학년 2학기에는 학교 폭력 관련 사건이 많이 발생한다. 그런데 생각해 보니 이번 학기는 별다른 말썽이 없었다. 남학생들 사이에 주먹다짐도 줄어들었다. 아이들의 넘치는 에너지가 다양하게 발산되어서 그럴까? 생각 같아서는 매일 이렇게 뭘 해 먹이면서 수업을 하면 애들도 훨씬 더 말을 잘 들을 것만 같다.

"오늘 완전 맛있었어요. 한 번 더 해요!"

"여기가 학교지, 식당이냐? 빨리 정리하고 교실로 올라가."

"All right! 샘, 미국 수업보다 훨씬 재미있어요."

저도 뭔가 할 수 있을 거 같아요!

수학 교과는 대부분의 학교에서 수준별 수업을 실시한다. 나는 이번 학기에 상, 중, 하반 가운데 하반 수업을 담당했다. 하반은 세 부류의 학생들로 구성되어 있었다. 수업 시간에 열심히 필기도 하고 받아 적는데 이해는 잘 못하는 학생, 아예 엎드려 자는 학생, 선생님 무시하고 친구들이랑 얘기하는 학생…….

2학기가 처음 시작되었을 때도 크게 다르지 않은 모습이었다. 하지만 지금은? 지금은 완전히 다르다. 일단 모두가 진짜 재미있어 한다.

교과 교실에 오면 오늘 준비물이 뭔지 아이들이 먼저 살핀다. 그러고 나서 시키지도 않았는데 자기네끼리 가져가고 나누고 바꾸고 난리다. 수업이 시작되어 간단하게 오늘 할 내용에 대한 설명과 주의 사항을 듣고 나면, 이때부터 뭔가를 만드는 등 그날의 활동을 시작한다. 물론 하고 싶은 얘기 다 하고, 돌아다니고, 어수선하기 짝이 없다.

"그만 돌아다녀. 너, 그렇게 늑장 부리다 오늘 다 못 한다."

"에이~, 설마 제가 안 할까 봐 그러세요? 걱정 마세요. 합니다, 해! 지금 물어보고 있는 중이에요."

활동을 시작하면 서로 묻고 도와주면서 과제를 완성한다. 평가 방법이 바뀌고 수업이 바뀌면 교실 풍경도 바뀐다. 아이들은 원래 서로 잘 돕는다. 오히려 어른들이 자꾸 걸러 내고 선별하는 제도를 만들어 경쟁을 부추기는 거다.

하반에는 손재주가 있는 친구들이 많다. 민수(가명)는 하반에서도 이해력이 많이 떨어지는 것처럼 보이던 학생이었다. 하지만 내가 관찰한 바에 따르면 민수는 만들기를 잘 하고 공간 감각이 매우 뛰어난 학생이다.

그래서 지금은 수학 시간에 내 조교로 활동한다. 수업 시간보다 조금 일찍 와서 내 설명을 듣고 자기 임무를 뚝딱 완성한다. 그리고 돌아다니면서 나와 함께 진행이 조금 더딘 친구들을 도와준다.

"민수야, 선생님이 민수한테 얼마나 고마운지 몰라."

"네."

1 수업 시작과 함께 먼저 이론에 대해 설명을 듣는다. 2 펜로즈타일링을 만드는 모습.
3 4 완성된 펜로즈타일링 결과물.

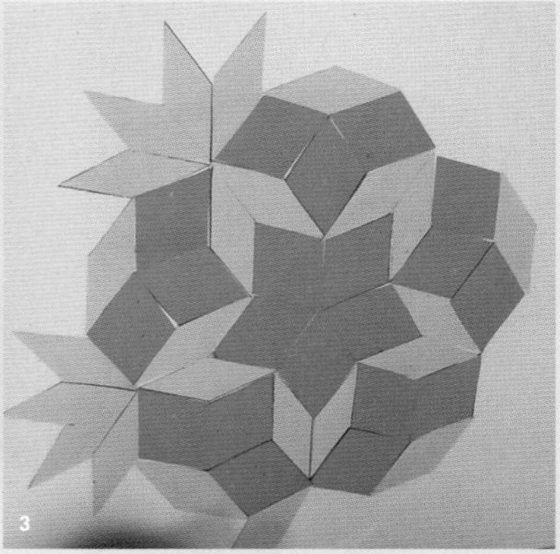

"민수는 이다음에 뭐하고 싶어?"

"아직 잘 모르겠어요. 근데요, 제가 만들기를 좀 잘 하잖아요. (멋쩍어하면서) 저도 이다음에 뭔가 할 수 있을 것 같아요."

선생님, 정말 소원이 이루어질까요?

철이 없어 보이는 아이들이지만, 간혹 현실에 쉽게 좌절하는 모습을 보면 안타까운 마음이 든다. 장래 희망을 발표할 때 실제로 이 꿈은 못 이룰 것 같다고 발표한 여학생이 있었다. 어떻게 용기를 줄까 생각하다 TV

여기서 잠깐!

수학 교과의 수준별 수업 운영

우리 학교는 교과 교실제와 수준별 수업을 운영하고 있다. 처음에는 분반을 하지 않으려고 생각했었지만, 수업에 약간의 차이를 두기로 결정하고 선생님 한 명을 추가로 지원받았다.

일주일에 4시간 수업이면, 일주일 활동 수업 후에 간단하게 그 주에 공부한 내용을 정리해 준다. 그때 상반 학생들에게는 조금 심화된 내용을 알려 주며 심화 문제로 이루어진 숙제를 내주고, 하반의 경우에는 어려운 공식보다 생각해 보게 만드는 문제를 내준다. 예를 들어 다각형의 내각을 구하는 공식은 언급만 하고, 다각형 안에 삼각형이 몇 개 있는지 세어서 내각의 합을 구하는 정도이다. 아이들을 차별하는 게 아니라, 각 수준에 맞는 가장 알맞은 이해를 이끌어 내는 것이다.

이번 자유학기에 수학 수업을 진행하면서 놀랐던 점 하나. 가위질을 제대로 못 하는 아이들이 의외로 많았다! 유치원과 초등학교에서 가위질을 하지 않고, 시간을 절약한다고 교과서 뒤에 있는 워크북을 뜯어서 사용하기 때문이란다. "한국인은 손재주가 좋다."는 말은 이제 옛말인가 보다.

드라마를 보면서 아이디어를 얻었다. 남녀 주인공이 저잣거리에서 '소원 등'을 만들어 띄우는 장면이었다. 드라마를 볼 때는 무심코 지나쳤는데, 입체 도형 수업을 생각하는 순간 머릿속에 딱 떠올랐다.

심리학 분야에서 많이 쓰이는 개념 중에 '자성 예언'이라는 것이 있다. 일종의 자기 암시 효과라고나 할까? 미래의 모습에 대해 긍정적으로 생각하면, 실제로 그런 미래를 경험하게 된다는 것이다.

드디어 수업 시간. 아이들에게 10년 뒤 소원을 구체적으로 쓰게 했다. 처음에는 장난으로 임하던 아이들의 얼굴이 점점 진지해진다. 하나만 쓸 줄 알았더니 열 가지를 쓰는 아이도 있다. 그러고 나서 종이접기를 이용해 소원 등으로 쓸 입체 도형, 오목 24면체를 접었다. 마지막으로 소원을 소원 등 안에 접어 넣고 책상 앞에 매달아 놓도록 했다.

아이들 반응이 제각각이다.

"샘, 노래방 등불 같아요. 한 곡 부를까요?"

"선생님, 완전 예뻐요. 하나 더 만들어도 돼요? 동생 갖다 주게요."

"잘못 접으면 소원 안 이루어져요?"

"선생님, 이거 뻥 아니에요?"

"아니, 우리 뇌는 현실과 이상을 구분하지 못한대. 그래서 좋은 생각을 많이 하라는 거야. 자꾸 생각하다 보면 간절함이 생기고, 간절함이 커지면 의지가 되고, 의지가 있으면 자기도 모르는 사이에 행동으로 나오게 되는 거지."

"선생님, 정말로 소원이 이루어질까요?"

"응! 단언컨대, 소원은 이루어집니다."
"하하하하~, 그걸 개그라고 하세요?"

씨앗을 뿌리는 사람

이슬람 우화 중에 기억에 남는 이야기가 있다.

어느 날 현자에게 두 사람이 찾아와 인생의 행복에 관한 비밀을 알려 달라고 했다. 현자는 두 사람을 으리으리한 성으로 데리고 갔다. 그리고 성 입구에서 숟가락에 비싼 나르드 향유를 몇 방울 떨어뜨린 다음, 두 사람에게 각각 하나씩 나누어 주었다. 그런 다음 성을 구경하고 오게 했다.

한 명은 난생처음 보는 광경을 둘러보느라 정신이 없었다. 어여쁜 후궁들과 이야기도 하고, 벽에 걸린 벽화를 보기도 하고, 부엌에서 집사가 주는 맛난 음식도 먹었다. 그러다 보니 수저 위에 있는 향유를 모두 흘려 버리고 말았다. 반면 또 다른 한 명은 비싼 향유를 잃을까 봐 수저만 쳐다보는 바람에 성 내부의 모습은 하나도 보지 못하고 말았다.

현자는 '이것이 바로 인생'이라며 미소를 지으며 사라졌다.

자유학기제에 대한 우려 중에 아이들의 학력 저하에 대한 걱정이 가장 크다. 물론 문제 풀이를 많이 한 학생들보다 하지 않은 학생의 성취도가 떨어질 수는 있다. 하지만 난 한 학기 동안 자유학기제를 운영하면서 그

1 2 열심히 스테인드글라스를 만드는 학생들. 3 4 완성된 스테인드글라스 결과물.

동안 내가 가르쳤던 많은 아이들에게 미안한 마음이 들었다.

우리는 공교육 12년을 마친 아이들에게 무엇을 주고 있는 걸까? 극소수를 제외하면, 공부 못 하는 사람이라는 생각과 성적 등급이라는 꼬리표를 달아서 사회에 내보내는 것은 아닐까? 이렇게 되면 공부는 인생에서 다시 하고 싶지 않은 그 무엇으로 바뀌게 된다.

적어도 학교를 12년씩이나 다녔다면 내가 무엇을 잘 하는지 정도는 알게 해 줘야 하는데, 교실에 초롱초롱 눈을 빛내며 앉아 있는 아이들보다 흐릿한 눈빛으로 졸고 있는 아이들이 더 많으니……. 한 학기의 성적은 아이의 인생에서 향유 몇 방울에 해당할 것이다. 아이들에게 '정말 중요한 것'이 무엇인지 깊이 고민해 봐야 할 것 같다.

내가 사는 동네에서 가까운 곳에 꽃시장이 있다. 가끔 그곳에 머리도 식힐 겸 꽃구경을 간다. 어느 날인가, 잎에 윤기가 자르르 흐르는 화분을 가까이 가서 살펴보다 그만 실소를 터트리고 말았다. 살아 있는 나무가 아니라 나뭇가지에 가짜 잎을 하나하나 붙여서 진짜와 똑같이 만들어 놓은 것이었다.

진짜처럼 만드는 사람들의 솜씨에 감탄했지만, 곧 별것을 다 만든다는 생각이 들어 허탈했다. 주인에게 물어보니 실내에 있는 상점은 공기 순환이 잘 되지 않아서 이런 조화 화분을 많이 들여놓는단다.

집에 돌아오는 내내 생각이 많았다. 나 역시 가짜 화분을 만드는 사람과 다를 바 없다는 생각도 들었다. 나는 아이들을 잘 자라도록 도와주는 게 아니라, 내가 만들어 놓은 잎을 덕지덕지 붙이고 잘 꾸며서 졸업시키

려는 것은 아닐까? 나는 아이들에게 모조품이 돼라고 격려하고 있는 건 아닐까?

좋은 선생님이 되고 싶었는데, 좋은 선생님이 되려면 먼저 좋은 사람이 되어야 한다는 것을 요즘 절실히 느낀다. 선생님은 미래를 보고 씨앗을 뿌리는 사람이다. 그동안 나는 한 가지 씨앗만 뿌려 왔는지도 모르겠다. 하지만 자유학기제를 맞아 이러저러한 씨앗을 섞어서 뿌려 보는 기쁨을 맛볼 수 있었다.

이제 10년 뒤, 30년 뒤에는 어떻게 될까? 아이들이 어떤 꽃을 피울지 모르겠지만, 머릿속으로 희망을 그려 본다.

이런 일도 있어요!

정원이의 학교생활 적응기

::동작중학교 1학년 학부모 **이현숙**

"학교 다녀왔습니다!"

큰 소리로 밝게 인사하며 들어오는 정원이의 모습을 보는 건 참으로 감사한 일이다. 2학기에 자유학기제가 도입된 후, 정원이가 달라졌기 때문이다. 사실 '자유학기제'라는 말을 처음 들었을 때 아이가 지독한 시험 스트레스에서 벗어나겠구나 하는 생각에 그저 반갑기만 했다.

정원이는 두 돌이 지나자마자 아버지의 회사 발령 때문에 홍콩에서 5년, 그 후 이어진 아버지의 유학 생활로 미국에서 5년을 지냈기에 사실 학교생활에 있어서는 외국인이나 마찬가지다.

그 때문에 홍콩에서는 영국 학교 경험을, 미국에서는 그야말로 자유로운 초등학교 시절을 보낸 정원이가 과연 한국 교육에 잘 적응할 수 있을까 무척이나 걱정이 되었다.

아이가 겪을 혼란과 두려움을 생각하며 국제학교나 외국어를 구사하는 학교에 보낼까도 생각해 보았지만, 한국인으로서 한 번도 경험해 보지 않은 우리나라의 교육 환경 속에서 자연스럽게 자랄 수 있게 해 주는 게 정원이의 삶에 큰 도움이 될 것이라고 판단했다.

그래서 정원이는 6학년 2학기부터 공립 학교인 동작초등학교에서 학교생활을 시작했다. 고집스럽게 한국말을 가르친 덕분인지 정원이는 생각보다 적응을 잘 하는 듯했다.

그러나 중학교에 입학하자 상황이 달라졌다. 일단 엄청나게 늘어난 교과 과목 수에 겁을 먹었고, 초등학교와는 사뭇 다른 여러 가지 교육 환경에 다시 적응해야 했다. 특히 입학 후 2개월 만에 치르는 중간고사를 위해 선행 학습으로 무장한 친구들과 갑자기 경쟁하듯 공부해야 하는 상황이 점점 버겁게 느껴지는 모양이었다. 정원이는 늘 지친 표정, 불행한 모습으로 학교생활 자체를 힘들어했다. 당연히 시험 결과도 좋을 리 없었다.

1학기 기말고사가 끝나는 날, 정원이가 말을 건넸다.

"엄마, 이제 알았어요. 난 열심히 해도 안 돼요……."

기말고사를 앞두고 나름 열심히 준비했고, 어려워하던 수학도 교과서 위주로 꾸준히 풀어 보았는데 문제 난이도가 너무 높아 낙심했던 것이다. 물론 정원이는 한국어를 이해하는 수준이 다른 친구들에 비해 상당한 차이가 있기에 어려움은 아마 배가 되었을 것이다.

어쨌든 한창 꿈을 꾸기 시작해야 하는 열네 살 아이를 좌절하고 포기하게 만드는 한국 교육의 슬픈 현실과 맞닥뜨린 순간이었다.

이런 고민 중에 동작중학교가 자유학기제 연구학교가 되었다는 소식을 들었다. 우리 가족에겐 그야말로 큰 선물이 아닐 수 없었다. 서울에서 단 5개 학교만이 연구학교로 선정이 되었다는데, 다행스럽게도 정원이가 혜택을 누리게 된 것이다. 새로운 스포츠 활동과 예술·동아리 활동, 늘어난 토론식 수업……. 다양한 활동이 아이의 흥미를 끌었음이 분명했다.

정원이는 학교에서 있었던 일을 이야기하는 시간이 부쩍 늘어났고, 무엇보다 친구들에 대해 이야기하는 시간이 많아졌다. 게다가 학교생활을 이야기할 때면 그야말로 해맑은 얼굴이었다. 진로 체험 학습이나 다양한 활동을 하는 날이면 소풍을 앞둔 것처럼 들떠서 일찍 일어났고, 학교를 다녀와서는 이것저것 경험담을 얘기하느라 바빴다.

또 정원이는 자유학기제 기간 동안 학교에서 돌아오면 자신과 약속한 분량만큼 공부하면서 학습 진도를 확인하고, 개념 정리를 하고 나서 남는 시간에는 독서를 했다. 이렇게 여유로운 생활을 누릴 수 있었던 건 시험이 주는 부담에서 해방되었기 때문이리라.

나는 처음 자유학기제가 시행된다는 이야기를 들었을 때 그저 시험이 없어지는 정도로만 알고 있었다. 그런데 학교와 선생님이 아이들에게 학창 시절의 행복을, 잃었던 자신감을, 찾지 못한 꿈을 심어 주기 위해 다양한 노력을 하고 있음을 알게 되었다.

한국의 어려운 교육 현실에 대해 모르는 사람은 아무도 없다. 하지만 새로운 시도를 하지 않으면 바뀌는 건 아무것도 없다. 이런 의미에서 이제 첫발을 내딛는 자유학기제는 신선한 시도라는 생각이 든다.

"학교 다녀오겠습니다!"

아이가 즐거운 표정으로 현관문을 열고 나간다. 저 뒷모습을 보는 것만으로 엄마인 나는 충분히 행복하다.

Chapter 2

1학년 3반, 전설을 깨다!

울산 연암중학교 | **조은희**

연암중학교는 울산광역시 북구 연암동의 공단 지역 근처에 있으며, 총 24학급으로 구성되어 있다. 2013년부터 남녀 분반을 시작했는데, 남자반 인원수가 여자반보다 5~6명 정도 많다. 학생들의 사회·문화적 경험은 적은 편이다. 본교의 자유학기제 TF팀 구성은 교장(위원장), 교감(부위원장), 교육연구부(기획 및 총괄), 교무부(교육 과정), 학년부와 환경부(수업 개선), 진로상담부, 영재과학부, 방과후부(진로 체험 프로그램), 정보부(평가 및 검증) 등 전 교사의 참여로 이루어졌고, 실제 정규 수업과 진로 체험, 동아리 활동, 선택 프로그램은 1학년 담임 선생님과 전 학년 교과 담당 선생님들이 진행했다.

들어 봤나, 전설의 1학년 3반!

연암중학교 1학년 3반에는 전설이 있다. 연암중학교가 생긴 이래로 단 한 번도 깨진 적이 없는 전설이다.

"아이고, 3반 담임이라고? 올 한 해 고생이 많겠네. 남자아이들만 있어서 더 힘들겠다."

주변 선생님들의 걱정 어린 목소리가 들려왔다. 거기다 올해 1학년들은 초등학교 때부터 말썽을 많이 부렸다는 소문마저 달고 왔다.

3반! 해마다 공부를 엄청 못 하는 학생과 초등학교에서 주목받던 문제 학생들이 우글거려서 수업 태도가 좋지 않을뿐더러 학급 운영이 몹시 힘든 반이란다. 새 학기가 채 시작되기도 전에 걱정부터 앞섰다. 그런데 지금 돌이켜 생각해 보니, 이 아이들과의 만남은 '신의 한 수'였는지도 모르겠다.

3월 5일 입학식, 학생들과의 첫 만남. 두려움과 설렘으로 반 아이들 앞에 섰다.

"선생님은 너희의 과거를 몰라. 지금 이 순간! 바로 오늘부터 보여 주는 모습이 진짜 너희의 모습이 될 거야. 새로운 나를 발견하고 싶다면 지금이 기회야."

내 말에 귀를 쫑긋 세우고 듣는 3반 아이들은 걱정했던 것과는 달리 너무나 해맑은 영혼을 지닌 아이들이었다.

생각보다 즐겁게 시작한 새 학기, 그러나 즐거움은 단 2주 만에 깨져 버렸다. 우리 반 학생과 옆반 학생 사이에 폭력 사건이 발생한 것이다. 이 문제를 해결하면서 우리 반 아이들의 지난 행실을 낱낱이 알게 되었고, 나도 미처 몰랐던 많은 문제점이 겉으로 드러났다.

곧이어 3월 초, 진단 평가 결과가 나왔다. 36명 중 11명이 성취 수준에 도달하지 못했다. 학급의 3분의 1이나 되는 학생들이 교과 수업을 제대로 이해하지 못하고 있다는 것. 예정된 순서대로 3반 수업이 힘들다는 선생님들의 목소리가 여기저기서 들려왔다. 그리고 당연히 중간고사에서 꼴찌. 3반의 전설은 계속되고 있었다!

우리 3반 아이들에게 학교는 무슨 의미일까? 학교생활에서 도대체 어떤 의미를 찾고 있을까?

연암중학교, 변화를 꿈꾸다

연암중학교는 학부모 가운데 맞벌이 부부가 차지하는 비중이 높고, 지역적 한계가 있어서 사회·문화적 경험을 할 기회가 많지 않은 편이다. 따라서 우리 학교는 학생들에게 닥친 학력 향상과 사회·문화적 경험 제공이라는 두 가지 과제를 우선적으로 해결해야 했다.

하늘이 도운 것일까? 이때 만난 것이 자유학기제 연구학교 공모이다. 자유학기제 연구학교 공모에 교사 100%, 학부모 98%가 찬성을 했다. 그 후 진로 교육 중심의 교육 계획서를 제출하면서 자유학기제 연구학교로 선정이 되었다. 여기서 우리 학교는 연구 과제로 자유학기제를 위한 수업 방법 개선과 수업 모형 개발을 선택했다.

물론 학생들의 꿈과 끼를 끌어낼 수 있도록 학생 활동 중심의 수업을 진행하기 위해서는 교육 환경의 변화가 급선무였다. 그래서 교과 간 협의를 통해서 교과목 수를 줄인 다음, 두 교과를 묶어서 연속으로 수업하는 블록 타임제를 실시하는 방식으로 교육 과정을 조정했다. 그 외에도 여름방학 때 교과별 협의회를 열어 학생 활동 중심의 수업 모형과 평가 모형

:: **연암중학교 교과별 시수 확보 사례**

구분	기본 교과											자율 과정					
과목	국어	도덕	사회	수학	과학	체육	영어	한문	정보	보건	소계	예술		진로	동아리	선택	소계
												음악	미술				
현 시수	5	2	3	4	4	3	3	1	1	1	27	2	1	1	1	0	5
개정	4	2	3	4	3	2	3	0	0	0	21	1	1	3	4	2	11
증감	**-1**	**0**	**0**	**0**	**-1**	**-1**	**0**	**-1**	**-1**	**-1**	**-6**	**-1**			**+7**		**+6**

을 개발하는 데 온 힘을 쏟았다.

어느 날, 연구부장 선생님에게 이런 질문을 했다.

"학습 지도안은 몇 개 정도 작성해야 하나요?"

"우리 학교는 자유학기제 연구학교인 만큼, 우리 연구를 일반화시킬 수 있도록 전 차시 학습 지도안이 필요합니다."

연구부장 선생님의 말씀은 맞지만, 전 차시 분량의 교수·학습 지도안을 작성하기란 쉽지 않았다. 예를 들어, 국어과의 경우 2학기 총 시수가 60차시 정도이기 때문에 약식으로 작성하더라도 학습지까지 포함하면 A4 용지로 100장을 훌쩍 넘기는 엄청난 보고서를 만들어야 했다.

일단, 같은 교과 선생님들이 머리를 맞대었다. 제일 먼저 교과서를 분석해 핵심 성취 기준을 정했다. 단원별 특성을 고려하여 문제 해결 학습과 협동 학습, 토의·토론 학습, 프로젝트 학습, 역할 학습 등 학생 중심의 다양한 학습 모형을 찾았다.

:: 연암중학교 자유학기제 교육 과정 운영 모형

시간 \ 요일	월	화	수	목	금
1	기본 교과 편성 (21시간) (국4·도2·사3·수4·과3·체2·영3)				
2					
3					
4					S.C 동아리
5	진로(SCEP)	예술 (음1, 미1)		동아리 (요리 외 15개)	선택 프로그램
6	진로				
7					
자율 과정	동아리 4 + 진로 3 + 선택 2 + 예·체 2 = 11시간				
방과 후 학교	'자율 과정'과 연계·운영				

며칠 뒤, 연구부장 선생님이 새로운 주문을 했다.

"과목 간 협업을 활용한 융합 수업을 한 학기에 2회 이상 실시해야 합니다. 그에 따른 계획을 세우도록 하고, 단원별 진로 교육도 함께 계획해 주십시오."

이런 식으로 연구부에서는 수업 개선을 위한 방법을 계속해서 요구했다.

이번에는 같은 교과 선생님끼리 융합 수업을 할 수 있는 단원을 먼저 협의해서 고른 뒤, 관련 교과 선생님들과 함께 모여 수업 방법에 관한 논의를 했다.

"국어 교과 중 〈우리의 얼굴, 하회탈〉이라는 설명문 단원이 있어요. '전통문화의 가치 알기'를 주제로 사회 과목과 미술 과목이 함께 융합 수업을 하면 어떨까요?"

"사회과에서 '안동 지방의 특성과 문화'를 가르치면 설명문을 쉽게 이해할 수 있을 것 같네요."

"우리 미술과에서는 '하회탈 만들기'를 할 수 있어요."

이 같은 논의와 협의를 수차례 반복하면서 2학기 전 차시에 해당하는 교수·학습 지도안을 작성했다. 그리고 수업 시간에 활용할 교구들을 함께 정하고 준비했다.

그런데 수업의 효율성을 높이기 위해서는 학생들의 적극적인 참여가 아주 중요했다. 1학년 담임 선생님의 도움을 받아 학생들의 성격과 특성, 성적, 교우 관계 등을 고려하여 반별로 모둠을 편성했다.

"모둠 수업을 해 보니 4인 1조로 구성했을 때 무임승차가 적고 학생 참여율이 높았어요."

1학기 때 모둠 수업을 해 본 경험이 있는 내가 먼저 입을 열었다.

"4인 1조면 한 반에 모둠 수가 8~9개 정도 나오게 되는데, 골고루 차례가 돌아가기엔 좀 많지 않나요? 6인 1조가 어떨까요?"

옆반 선생님이 다른 의견을 내놓았다.

이렇듯 모둠 형태를 결정하는 데도 여러 차례 협의가 필요했다. 결국 일주일 정도 수업을 해 본 뒤에 모둠 수를 정하기로 하였다. 일주일 뒤, 4인 1조

모둠 형태로 결정되었다.

이처럼 같은 교과, 다른 교과, 1학년 담임 선생님들이 수차례 모여서 협의를 거치면서 2학기 자유학기제 수업을 향한 첫걸음이 시작되었다.

협동 학습으로 시작하다

나는 몇 년 전부터 4인 1조의 모둠을 구성해서 매 시간 협동 학습을 진행해 왔다. 각 모둠별로 이끔이(모둠 활동 주도, 마침 신호)와 칭찬이(모둠 활동 시 칭찬), 기록이(발표, 모둠 활동지 관리), 지킴이(모둠원 점수판 관리)를 정한 뒤, 각자가 맡은 역할을 성실히 수행하는 정도에 따라 점수를 주었다.

하지만 올해 입학한 1학년들은 협동 학습의 효과가 그리 크지 않았다. 기초 지식과 어휘 능력이 부족한 편이라 스스로 문제를 풀어내지 못했다. 수업 시간을 즐거워하긴 했지만, 학력 향상에는 큰 도움이 되지 않았다고나 할까?

이 문제로 고민하고 있던 차에 수업 컨설팅을 받을 기회가 생겼다. 5월에 연구 수업을 진행하게 된 것이다. 컨설턴트의 도움을 받아 또래 교수 및 모둠 향상도 반영, 개별 지도 등 여러 가지 방법을 통해 연구 수업을 준비했다.

그러는 사이에 학생들의 수업 참여도가 점차 높아졌다. 그러자 신기하게도 학력 향상에도 도움이 되었다. 나는 우리 반 학생들의 숨어 있던 학습 능력을 확인할 수 있었다는 점에서 그 무엇과도 바꿀 수 없는 큰 기쁨

모둠별 활동 모습.

을 느꼈다.

그와 동시에 희망을 얻었다. 우리 반 학생들이 잘 하는 게 무엇인지 알게 된 것이다. 우리 반 아이들은 학생 참여 수업에서 밝게 빛나고 있었다!

8월 26일 월요일, 3~4교시 블록 타임 시간. 2학기 첫 수업으로 국어 문법 영역인 4단원 〈아홉 빛깔 품사〉를 선택했다.

"각 모둠별로 주어진 카드를 활용하여 기준을 세우고 단어를 분류해 보세요."

내가 입을 떼자마자 여기저기서 아이들의 목소리가 쏟아져 나왔다.

"글자 수를 기준으로 분류하면 되지 않을까?"

"ㅇ 받침의 개수를 기준으로 나눠 보자."

"단어의 의미를 기준으로 분류해 보는 건 어때?"

정답을 찾기 위해 모둠원끼리 활발하게 대화를 주고받는 모습이 참 보기 좋았다. 나는 빙그레 웃으며 새로운 주문을 했다.

"각 모둠별로 교실 안의 모든 글자를 활용해서 9개의 품사를 찾아 포스트 잇에 쓴 뒤 칠판에 나와 붙여 보세요."

8조 이끔이인 수찬이가 씩씩한 목소리로 모둠원들에게 역할을 나누어 주었다.

"명사·대명사는 인구, 수사·조사는 현태, 동사·형용사·부사는 수현이, 감탄사·관형사는 내가 찾을게."

"교과서에 단어가 많으니 거기서 찾아보자."

수현이가 방법을 제시하자, 아이들은 책상 서랍에서 다른 과목 교과서를

여기서 잠깐!

모둠 수업은 일찍 시작하자!

2학기 첫 수업을 마친 후 다른 교과 선생님들의 상황을 보니, 학생 지도에 어려움을 겪는 경우가 많았다.

특히, 모둠 수업을 많이 해 보지 않은 선생님일수록 수업 장악력이 떨어지고, 학생들과의 의사소통이 잘 이루어지지 않아 수업에 어려움이 많았다.

2학기에 자유학기제를 시작한다면, 1학기 동안 한 달에 단 몇 번만이라도 모둠 수업을 해서 조금씩 익숙해져야 2학기 수업을 원활하게 진행할 수 있다.

또한, 수업 태도와 관련된 평가 방식을 정한 뒤 학생들에게 정확하게 전달하는 것이 좋다. 수업 태도 점수를 학생들이 항상 볼 수 있도록 해야 효과적이다. 중간중간 적절한 보상을 해 주면 참여도를 높일 수 있다.

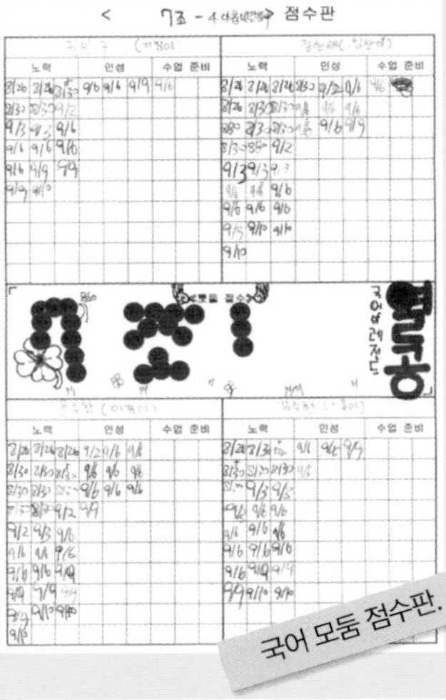

국어 모둠 점수판.

얼른 꺼내 단어를 찾기 시작했다.

"8조! 엄청 잘 하고 있어~!"

때맞춰 칭찬이 현태가 친구들의 기운을 북돋아 주었다.

"각자 찾은 답이 맞는지 확인해 보도록 하자."

이끔이 수찬이가 마지막으로 정답 확인을 유도했다.

과제가 다 해결되면 이끔이 수찬이가 마침 신호를 보내고, 모둠원 4명이 손뼉을 치면서 구호를 외친다. 선생님은 신호를 보낸 모둠의 답을 확인하고 모둠 점수를 준다. 모둠 점수 기록은 지킴이 인구가 한다.

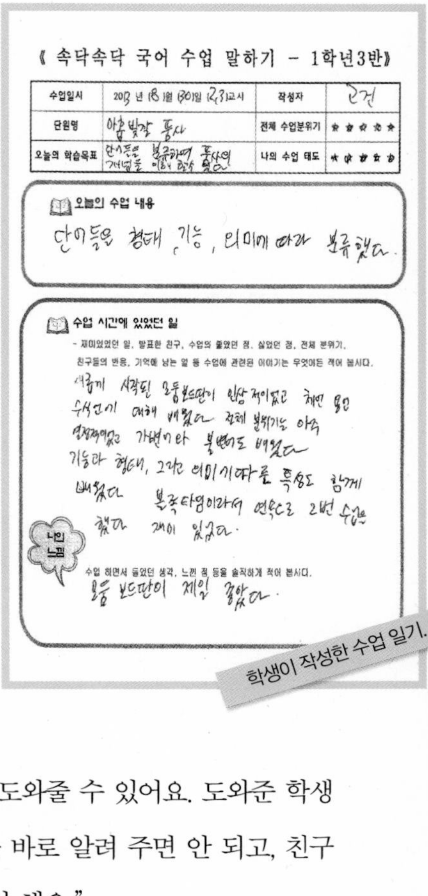
《 속닥속닥 국어 수업 말하기 - 1학년3반》

수업일시	년 월 일 교시	작성자	
단원명		전체 수업분위기	★★★★★
오늘의 학습목표		나의 수업 태도	★★★★★

오늘의 수업 내용

단어들을 형태, 기능, 의미에 따라 분류했다.

수업 시간에 있었던 일

- 재미있었던 일, 발표한 친구, 수업의 좋았던 점, 싫었던 점, 전체 분위기, 친구들의 반응, 기억에 남는 일 등 수업에 관련된 이야기는 무엇이든 적어 봅시다.

나의 느낌

수업 하면서 들었던 생각, 느낀 점 등을 솔직하게 적어 봅시다.

오늘 보드판이 제일 좋았다.

학생이 작성한 수업 일기.

"먼저 정답을 찾은 8조는 다른 모둠을 도와줄 수 있어요. 도와준 학생 수만큼 개인 점수를 줄게요. 이때, 정답을 바로 알려 주면 안 되고, 친구가 정답을 찾을 수 있도록 도와주기만 해야 해요."

여기저기서 도와 달라고 외치는 목소리가 들렸다. 8조 아이들은 도움이 필요한 친구를 찾아 이동한다.

이윽고 모둠별 활동이 끝이 났다.

"자, 이제 각 모둠의 기록이들이 일어나서 칠판에 붙인 단어의 품사를 발표해 보세요. 8조부터 발표할까?"

"'명사-도서, 대명사-그, 수사-하나, 조사-는, 동사-가다, 형용사-예쁘다, 부사-매우, 감탄사-악!, 관형사-모든'입니다."

8조 기록이인 수현이가 일어서서 발표를 했다.

"친구를 칭찬하고 박수치는 아름다운 영혼을 가진 학생들에게 인성 점수를 줄게요."

친구를 칭찬했던 학생들은 각 모둠의 지킴이에게 자신이 받아야 할 점수를 말한다. 지킴이는 그것을 점수판에 기록한다.

이렇게 품사의 개념과 종류를 품사 카드 찾기, 품사 나무 만들기, 보드판을 활용한 교실 산책하기, 칠판 나누기, 또래 교수 등의 방법으로 협동 학습을 했다. 학습 효과는 기대 이상으로 높았다. 학생들끼리 서로 가르쳐 주고 배우면서 학습의 즐거움을 알아 가기 시작했다. 이 수업을 통해 학습에 자신감을 가지는 학생들도 많아졌다.

연극 수업으로 자존감을 회복하다

우리 학교 1학년은 학습 능력이 부족한 학생들이 많아서 그런지 자존감이 낮고 학습 참여율도 낮다. 그래서 아이들의 자존감을 키울 수 있는 수업 방법을 찾기 위해 고민을 많이 했다. 아이들이 각자 주인공이 되어 보는 건 어떨까? 연극 수업은 그렇게 시작되었다.

국어 5단원 〈경험과 해석〉에 나오는 〈심청전〉을 희곡으로 각색하여 연극을 하기로 했다. 〈심청전〉 전문을 모둠별로 쪼개어 준 뒤, 각 모둠이 맡은 부분을 희곡으로 각색하여 연극을 하게 했다. 시간을 이틀밖에 주지 않았는데도 각자 역할을 나누어서 이야기를 각색하고 대본을 외워서 연기까지 하였다.

연극 수업의 한 장면.

내성적인 성격의 인구와 동열이가 심 봉사 역할을 맡아서 긴 대사를 유창하게 쏟아 내는 모습은 그야말로 감동적이었다. 나뿐 아니라 우리 반 아이들 모두가 감동의 도가니에 휩싸였다.

원작에 없는 부분을 새롭게 만들어 넣어서 연기했던 동근이, 동현이, 성준이, 성민이 조도 참 좋았다. 그리고 상상력을 동원하여 심 봉사의 연애 시절 이야기를 대본으로 쓴 인호의 기발함도 칭찬할 만했다. 다른 모둠의 모든 조연을 대본 없이 맡아 주었던 건이의 뛰어난 연기력도 크게 빛이 났다.

"선생님, 다시 하면 안 돼요? 다시 하면 더 잘할 수 있어요."

연극 수업이 끝난 후, 수찬이가 외친 말이다. 남학생들이라 연극을 좋아하지 않을 줄 알았는데, 숟가락과 접시, 그릇, 종이 파도, 종이 배, 종이 집 등 다양한 소품을 준비하는 모습을 보면서 내가 편견에 사로잡혀 있었다는 사실을 깨달았다.

학생들이 못 하는 것이 아니라 선생님이 안 하는 것이었다!

우리는 토론왕!

연극 수업의 결과가 좋았던 덕분에 더 큰 목표를 갖게 되었다. 바로 토론 수업이었다. 우리 반 학생들 36명이 모두 참여하는 토론 수업을 하고 싶다고 했더니, 주변에서 걱정하는 소리가 빗발쳤다.

토론은 자신의 주장을 뒷받침하는 근거를 들어 상대방을 설득하는 것이 목적이기 때문에 주제와 관련된 배경 지식이 많아야 가능했다. 그런데 우리 반 학생들은 기초 지식이 아직 부족한 편이었다. 사실 나도 속으로는 걱정이 되었지만, 학생들 스스로 자신의 문제점이 무엇인지 알아야 해결 방법을 찾을 수 있겠다는 생각이 들었다.

그래서 많은 우려를 뒤로하고 토론 수업을 강행했다. 학생 전원이 참여할 수 있는 토론 방법을 찾던 중 디베이트 학습을 알게 되었다. 일단 연극으로 먼저 접해서 친근감이 있는 〈심청전〉의 한 대목을 주제로 토론을 시도해 보았다.

첫 번째 토론 주제는 '뱃사람들이 자신들의 순탄한 항해를 위해 사람의 목숨을 제물로 바치는 일이 옳은가?'였다.

먼저 찬성팀 4모둠, 반대팀 4모둠, 판정단 1모둠으로 나눈 뒤, 토론 방법을 설명하고 주장에 대한 근거를 미리 찾아오라고 했다. 양 팀에 모둠장을 뽑게 해서 토론 준비를 꼼꼼히 할 수 있도록 격려했다. 찬성팀 모둠장은 인호가, 반대팀 모둠장은 민우가 선발되었다.

며칠 뒤 토론 수업을 진행했는데, 다른 선생님들이 우려한 대로 완전히 실패였다. 연극 수업이 단박에 성공을 했던 터라 토론 수업에 대한 기대도 은근히 컸는데…….

가장 큰 문제는 자료 조사를 제대로 하지 않아 토론에 참여하는 학생들의 수가 적었다는 것이다. 그다음은 토론 방식에 익숙지 않은 탓에 충분한 근거도 없이 상대방의 말꼬리를 잡거나 비난을 해서 엉뚱한 방향으로 흘러가기 일쑤였다.

이미 협동 학습을 경험해 보았기에 모둠원들이 과제를 나누어 조사하는 일이 어렵지 않을 것이라 생각하고 방심했던 게 잘못이었다. 주어진 과제가 만만치 않다 보니, 학습 능력이 부족한 학생들은 무임승차부터 꿈꾸었고, 학습 능력이 있는 학생들은 혼자서 도맡아 하는 게 힘들어 지레 포기하는 모습을 보였다. 그야말로 난감한 상황이었다.

중학교에 와서 처음 해 보는 토론인지라 용어에서부터 주눅이 들었다. 심지어는 주장과 근거가 무엇인지조차 이해하지 못하는 학생들이 많았다. 머릿속에 할 말은 많은데 입가에서 맴돌기만 할 뿐 입밖으로 쉽사리 나오지 않는다고 말하는 학생도 있었다.

토론 수업을 조금 더 천천히 진행했어야 했나 보다. 배경 지식이 바탕에 깔려 있어야 하는 디베이트 학습을 바로 시작한 것이 실수였다. 나는 처음부터 다시 하기로 마음먹었다.

'신호등 토론'부터 시작했다. 학생들에게 초록색, 빨간색, 노란색 카드를 나누어 준 뒤, 주제에 대한 찬성·반대·중간의 생각을 카드로 표현해 보라고 했다.

"아버지를 위해 목숨을 바친 심청이의 행동을 '효'라고 생각하면 초록색, '아니다.'라고 생각하면 빨간색, 잘 모르겠으면 노란색 카드를 들어 보세요."

카드를 든 학생들에게는 왜 그런 생각을 하게 되었는지 이유를 물었다.

"성민이는 왜 초록색 카드를 들었나요?"

"자신의 목숨을 아버지를 위해 버렸으니 효라고 생각합니다."

"현호는 왜 빨간색 카드를 들었나요?"

"자식이 자신을 위해 죽었다는 소식을 들으면 아버지 마음이 몹시 아플 것 같아요. 그런 건 효가 아니에요."

"성준이는 왜 노란색 카드를 들었나요?"

"심청이는 아버지를 위해서 그런 행동을 했는데, 막상 아버지는 심청이의 목숨 대신 눈을 뜨는 것이기 때문에 조금도 기쁘지 않을 것 같아요. 그래서 효인지 아닌지 헷갈려요."

디베이트 학습에서는 말을 하지 않던 학생들이 하나둘 입을 열기 시작했다.

다음으로 '좌의정 VS. 우의정' 토론을 했다. 모둠원끼리 찬성·반대·사회자·판정인 역할을 나누어 토론을 하는 것이다. 모둠원끼리 토론을 하게 되자 마음이 편해졌는지 적극적으로 자신의 주장을 펼치기 시작했다.

좀 더 경쟁적인 모습을 끌어내기 위해 '하나 가고 셋 남기' 토론을 했다. 이 토론은 말 그대로 모둠원 네 사람 중 한 사람이 다른 모둠으로 가서 토론을 하는 것이었다. 남아 있는 세 사람 중 한 사람은 판정인, 나머지 두 사람은 다른 모둠에서 온 토론자와 2 대 1 토론을 했다.

1 좌의정 VS. 우의정 토론. 2 하나 가고 셋 남기 토론.

학생들은 이 세 가지 활동을 통해 토론이 무엇인지 비로소 알게 되었다. 그러자 토론에 참여하는 비율도 점차 높아졌다. 시간이 흐르면서 학생들은 〈심청전〉에 대해 자신만의 입장을 가지게 되었다. 급기야는 토론이 즐겁다는 학생들이 하나씩 둘씩 나오기 시작했다.

학생들이 토론 수업에 어느 정도 익숙해지자, 디베이트 학습에 다시 도전했다. 두 번째 주제는 '심청이가 아버지의 눈을 뜨게 하기 위해 인당수에 빠져 죽음을 선택한 것이 진정한 효인가?'였다.

"주장을 뒷받침할 만한 근거를 각자 두 개씩 찾아오고, 그 근거들을 모아서 같은 것은 버리고 다른 것은 분류를 해서 자료를 만들어 보자."

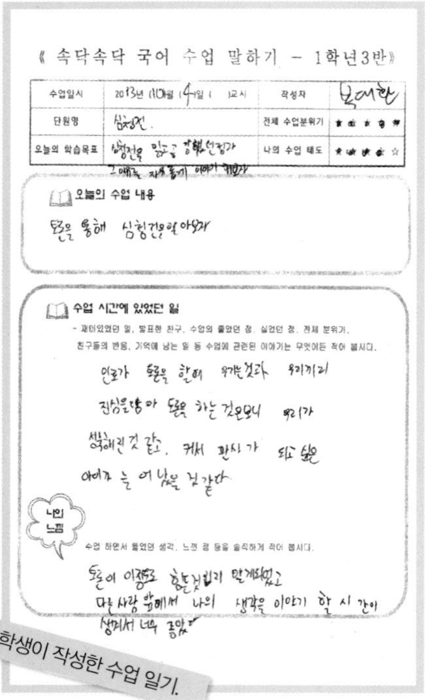

《 속닥속닥 국어 수업 말하기 - 1학년3반 》

수업일시	2013년 (10)월 (4)일 ( )교시	작성자	
단원명	심청전.	전체 수업분위기	★★★★★
오늘의 학습목표		나의 수업 태도	★★★★☆

오늘의 수업 내용

수업 시간에 있었던 일

- 재미있었던 일, 발표한 친구, 수업의 좋았던 점, 싫었던 점, 전체 분위기, 친구들의 반응, 기억에 남는 일 등 수업에 관련된 이야기는 무엇이든 적어 봅시다.

나의 느낌

수업 하면서 들었던 생각, 느낀 점 등을 솔직하게 적어 봅시다.

학생이 작성한 수업 일기.

이제는 찬성팀 모둠장인 인호도, 반대팀 모둠장인 민우도 같은 모둠의 학생들에게 과제를 정확하게 부여하고, 토론의 방향을 분명하게 제시했다.

바야흐로 10월 4일 2교시. 2차 디베이트 토론 수업이 시작되었다.

1차 토론 때보다 준비를 철저히 해 온 데다 참여자도 이전보다 훨씬 더 많았다.

수업이 끝난 뒤, 인호와 민우가 한마디씩 했다.

"저번에는 근거가 부족해서 진 거 같

디베이트 토론을 하기 위해 ㄷ자 모양으로 자리 배치(왼쪽은 반대팀, 오른쪽은 찬성팀).

아요. 이번엔 근거를 찾기 위해 노력을 많이 했어요."

"판정인의 판정이 정확하지 않은 것 같아요. 판정인의 판정 결과를 명확하게 들어 봐야겠어요."

성공적인 토론 수업을 통해 우리 반 학생들의 가능성을 발견함과 동시에, 두 모둠장의 리더십과 끈기를 확인할 수 있었던 소중한 시간이었다.

융합 수업으로 문제 해결력을 키우다

우리 학교에서는 자유학기제를 준비할 때부터 두 명의 선생님이 한 교실에서 수업하는 코티칭을 활용한 융합 수업을 한 학기에 2회 이상 실시하는 것이 목표였다. 나는 코티칭을 활용한 수업 2번, 교과 연계를 통한 수업 2번, 총 4번의 융합 수업을 실시했다.

융합 수업을 하다 보니 선생님들끼리 대화를 나누는 시간이 많아지고, 서로의 수업을 지켜볼 수 있어서 동료 교사의 장점을 배우는 기회가 되었다. 학생들도 다른 과목 선생님 두 명이 함께 들어와 수업을 하니까 동기 유발이 잘 되는 듯했다. 둘 또는 세 선생님의 협업으로 수업의 질이 좋아지는 만큼 학생들의 학습 효과도 높아졌다.

특히 교과 간의 경계를 넘어서는 수업이었기에, 세상의 모든 현상 또는 사물을 하나의 관점이 아닌 다양한 관점에서 해석해 볼 수 있는 기회를 만들어 주었다는 점에서 박수를 쳐 줄 만했다.

첫 번째 사례 : 국어, 사회, 미술 함께하기

첫 번째 융합 수업의 주제는 '전통문화 알기'로 국어·사회·미술 교과의 융합 수업이었다.

국어 교과 3단원에 나오는 〈우리의 얼굴, 하회탈〉은 설명문이었다. 첫 번째 시간에는 설명문을 읽고 설명 방식을 찾는 활동을 했다. 설명문을 읽기 전에 사회 선생님이 안동 지방의 지리와 사회·문화적 특성(하회탈 및 하회 별신굿 탈놀이)에 대해 먼저 설명해 주어서 내용을 이해하기가 한결 수월했다.

두 번째 시간에는 미술 시간에 만든 하회탈을 활용하여 설명하는 말하기와 설명문 쓰기를 했다. 자신들이 만든 하회탈을 가지고 수업을 해서 그런지 학습 참여도가 높았다.

나는 학생들에게 글쓰기의 주제를 알려 주었다.

"모둠별로 다양한 방식을 활용해서 자신이 만든 하회탈에 대해 설명하는 글을 써 보세요."

1 2 3 국어·사회·미술 교과의 융합 수업 모습. 4 국어 시간에 하회 별신굿 탈놀이 공연하기.

1조부터 차례로 발표를 했다.

"1조는 분류의 방법을 사용했습니다. 동현이와 세현이는 각시탈을 만들었고, 준이와 민재는 양반탈을 만들었습니다."

1조는 모둠 향상도 반영 이후, 항상 동현이에게 발표를 맡겼다. 모둠 향상도란 모둠원 중 학습 능력 또는 발표력이 부족한 학생을 같은 모둠의 학생들이 도와서 발표를 하게 하면 모둠 점수를 두 배로 주는 규칙이다.

가르치는 학생은 친구를 도와주면서 학습을 반복하여 학력 향상에 도움이 되고, 가르침을 받는 학생은 꾸준한 발표를 통해 학습에 자신감을 가지게 되었다. 실제로 동현이의 발표 능력은 엄청나게 좋아졌으며, 그만큼 학습 의욕도 강해져서 2학기에 학습 성취도가 가장 많이 향상된 학생 중 하나로 꼽혔다.

융합 수업을 통해 안동과 하회탈, 오방색, 별신굿 탈놀이라는 전통문화에 대해 쉽고 재밌게 학습할 수 있는 시간이었다.

두 번째 사례 : 투석기와 수필의 만남

두 번째 융합 수업은 과학 교과와 함께했다. 과학 선생님이 투석기를 만들 예정이라며 탄성과 지레의 원리를 주제로 교과 융합을 해 보자고 제안했다. 마침 5반과 '전통문화의 가치'라는 주제로 사회·미술 교과 융합 수업을 해 본 결과 학습 효과가 기대 이상으로 높았다. 그만큼 융합 수업에 대한 학생들의 반응도 좋아서 흔쾌히 함께하기로 결정했다.

처음에는 투석기를 만들고 난 뒤 투석기를 쏠 때 전쟁과 관련된 시를 낭송해 보려고 했다. 그런데 2학기에는 시 단원이 없어서 연결하기가 애매했다. 1학기 시 단원과 연결할까 생각해 보다가, 2학기 5단원에 나오는 〈괜찮아〉라는 수필과 연계하기로 했다.

〈괜찮아〉는 장애를 가진 아이가 주변 사람들의 위로와 격려를 받아 세상을 열심히 살게 되었다는 이야기이다. 학생들에게 수필을 바탕으로 투석기를 활용하여 위로와 격려를 표현해 보도록 했다. 표현 방식은 다양하

여기서 잠깐!

더 효율적인 융합 수업을 위해

우리 학교에서 중점적으로 개발하고 있는 수업 모형이 코티칭을 활용한 융합 수업이다. 코티칭을 활용한 융합 수업이란 두 명 이상의 선생님이 각 교과목의 고유성은 유지하면서 내용이나 특성 면에서 공통된 요인을 찾아, 주제 중심으로 교과들을 융합하여 수업하는 방식을 뜻한다.

융합 수업의 방법은 교과 선생님 두 명이 수업 시간에 함께 들어가 수업하는 것을 원칙으로 하고 있으나, 수업 내용과 방법에 따라 수업 단계(도입, 전개, 정리)별로 나누어 수업하기도 한다. 학습 효과를 높이기 위해 45분 수업을 2시간 연속 진행하는 블록 타임제를 활용하여, 융합 교과끼리 시간표상 연속으로 배치된 수업을 진행하고 있다.

'전통문화 알기' 수업은 시수 문제 때문에 1학년 5반은 코티칭을 활용한 융합 수업을, 3반과 4반은 교과 연계를 활용한 융합 수업을 했다. 두 수업을 비교해 보니 교과 연계 수업은 코티칭을 활용한 융합 수업보다는 학습 효과가 떨어지는 편이었다.

교과 연계 수업은 교과 간 수업 시간이 떨어져 있어서 이전 시간의 수업 내용을 다음 시간에 기억해 내야만 하기 때문에 수업 집중도가 떨어졌다. 또 시수가 맞지 않아 먼저 수업해야 할 교과와 뒤에 수업해야 할 교과의 순서가 뒤바뀌기도 했다.

이에 비해 코티칭을 활용한 융합 수업은 한 시간에 두 명의 선생님이 함께 들어가 수업을 하게 되므로 학습 동기 유발이 잘 되었고, 학습 과제를 한 시간 안에 다 해결할 수 있어서 학습 효과가 높았다. 시수의 문제를 해결할 수 있다면 코티칭을 활용한 융합 수업을 권하고 싶다.

게 하되, 반드시 탄성과 지레의 원리를 이용해야 한다고 조건을 달았다.

20분 정도 지난 뒤, 모둠별로 발표 시간을 가졌다. 그런데 정말로 놀라운 일이 벌어졌다. 9개 모둠이 모두 다른 내용과 다른 방식으로 발표를 했던 것이다. 발표 과제 역시 아주 훌륭했다. 가장 감동을 준 모둠은 2조였다.

2조에서는 성찬이가 꿈이 좌절되어 슬퍼하는 연기를 하고, 민우와 민종, 영재가 투석기를 활용하여 위로하는 말을 건넸다.

"투석기의 시위를 당기는 과정은 꿈을 향해 가는 과정과 같아. 시위를 당기는 과정이 힘들어도 괜찮아. 당길 때는 힘들지만, 다 당기고 나면 꿈을 향해 날아갈 수 있는 힘이 생기기 때문이지."

2조의 학습 노트 내용.

자유학기제를 통해 자신의 꿈과 끼가 무엇인지 고민하는 흔적들이 수업 속에 고스란히 녹아 있었다. 무엇보다 반가운 건 함께 걸어갈 친구가 있다는 사실을 스스럼없이 표현하게 되었다는 점이다.

학생들은 어느새 수업의 주인이 되어 스스로 수업을 만들어 가고 있었고, 그 과정 속에서 빛나는 자신의 모습을 발견하고 무척이나 기뻐했다. 수업 시간을 즐기는 학생들의 모습을 보면서

나 역시 에너지가 샘솟는 느낌이 들었다.

세 번째 사례 ① : 공동의 문제 해결하기 – 함께하는 준비

11월, 자유학기제 연구학교의 결과물을 내놓아야 하는 시기가 다가왔다. 특히 자유학기제 연구학교 중에서도 우리 학교가 운영을 잘 하고 있다고 소문이 나면서 어떻게 수업을 개선했는지 보고 싶어 하는 선생님들이 많아졌다. 그래서 12월 5일에 공개 수업을 하기로 결정했다.

그때부터 나는 깊은 고민에 빠졌다. 이미 여러 가지 수업 방법을 활용한 데다, 하필이면 학기말이어서 수업을 할 수 있는 단원이 두 개밖에 남아 있지 않았다.

오랜 고민 끝에 융합 수업을 하기로 마음을 정하긴 했는데, 어떤 주제로 어느 교과와 함께할지는 결정을 내리지 못하고 있었다. 그동안 융합 수업을 자주 했던 1학년 과학 선생님은 실험 수업이 있어서 함께할 수 없었다. 다시 고민의 나날을 보내고 있을 때쯤, 2학년 과학 선생님이 융합 수업을 하고 싶다고 제안했다. 그야말로 천군만마를 얻은 느낌이었다.

국어과에서는 1단원 〈갈등과 화해〉를 통해 갈등을 해결하는 방법으로 토의를 배울 차례였다. 하지만 과학 선생님과 수업 방향에 관해 논의할 때, 토론의 방법을 활용해서 융합 수업을 해 보자고 했다. 우리 반 학생들과 토론 수업을 한 번 더 하기로 약속했기 때문이기도 했다. 보통은 수업 내용을 결정하고 수업 방법을 결정하는데, 이번에는 학생들의 흥미를 돋우는 차원에서 수업 방법을 먼저 결정했다.

그런데 막상 토론 주제를 '지구 온난화'로 정하고 보니, 수업 방법으로 토론 형식이 맞을지 의문이 들었다. 그렇다고 평범한 토의로는 학생들의 흥미를 끌기에 부족해 보였다.

그래서 지구 온난화에 대한 자료를 부지런히 찾던 중, 그동안 그와 관련해 국제회의가 여러 차례 열렸다는 데 생각이 미쳤다. 뒤이어 지난가을, 서울중앙우체국 국제회의실에서 제2차 자유학기제 포럼에 참석했던 기억이 퍼뜩 떠올랐다. 국제회의실에 앉아 있을 때 왠지 내가 대단한 사람이라도 된 듯한 느낌을 받았었다. 학생들에게도 그 느낌을 전달해 주고 싶었다.

그런데 모의 국제회의를 중학교 1학년이 할 수 있을지 의문이 들었다. 일단 학생들의 의견을 들어 보기로 했다.

"지구 온난화 문제로 토론을 하려고 해요. 그런데 토론 주제로는 마땅하지 않은 것 같아서 다른 방법으로 수업을 진행할까 해요. 지구 온난화는 한 나라의 문제가 아니라 전 세계 모든 국가가 노력하고 협력해야 하는 문제여서 여러 차례 국제회의가 열리기도 했어요. 그러니 우리도 모의 국제회의를 열어 보는 게 어때요?"

내 말을 듣고 민우가 질문을 했다.

"모의 국제회의는 어떻게 하는 거예요?"

"2인 1조로 국가를 정한 다음, 그 나라 입장에서 지구 온난화 문제와 해결 방안에 대해 토의를 하는 거예요."

"저는 미국 할게요."

민우가 말했다.

민우의 의견을 신호탄으로 여기저기서 자신이 하고 싶은 국가를 말하기 시작했다. 어느새 18개 나라가 정해졌다.

11월 29일 2~3교시를 블록 타임으로 활용하기로 했다. 2교시에는 국어 교과 〈갈등과 화해 (2)자리 배치 어떻게 할까?〉라는 단원을 통해 토의의 절차와 방법을 익혔고, 3교시에는 과학 선생님에게 '지구 온난화의 원인과 해결 방안'에 대해 배웠다.

지구 온난화 수업이 끝난 후, 모의 국제회의를 준비하기 위해 각 나라의 입장에서 발표할 자료를 만들기 시작했다. 각자 발표 연습도 했다. 각 나라를 대표할 직책도 만들었다. 환경부 장관, 지구환경연구센터장, 태풍

여기서 잠깐!

모둠 수업은 이럴 때 힘들어!

능력이 비슷한 학생들이 한 모둠이 되면 오히려 미루는 경향이 생기기도 한다. 보통 4인 1조로 수업을 할 때는 각자의 능력에 맞는 역할이 있어 서로의 책임을 다하며 힘껏 돕는데, 2인 1조가 되면서 한 사람이 손을 놓으면 둘 다 준비하지 않는 일이 벌어졌다.

처음부터 모든 학생이 다 참여할 거라고 생각하면 수업이 점점 더 힘들어진다. 학생 개개인의 능력과 흥미가 다르기 때문이다. 하지만 또래 집단의 영향을 많이 받는 중학교 1학년이기 때문에 친구들이 열심히 하는 모습을 보면서 자극을 받기도 한다.

모의 국제회의를 준비하면서 대한민국을 맡은 대환이와 지범이가 이런 경험을 했다. 서로 미루다가 과제가 늦어지게 되었는데, 한 명이 과제를 시작하자 다른 한 명 역시 미안한 마음에 더 열심히 참여하게 된 경우다.

관제센터장, 안데스 산맥 주민 회장 등 다양한 직책을 발굴했다.

그 외에 명패와 명찰을 만들고 국기를 주문했다. 국제회의 분위기를 조성하기 위해 좌석 배치도 다르게 했다. 스스로 만드는 수업이라 그런지 학생들의 참여도가 정말 높았다.

세 번째 사례 ② : 공동의 문제 해결하기 – 개성 넘치는 연설

드디어 12월 5일, 공개 수업을 하는 날이 되었다. 공개 수업은 4교시지만 모의 국제회의는 시간이 많이 걸리기 때문에 3~4교시 블록 타임으로 수업을 진행했다. 나는 사회자를 맡았다. 과학 선생님은 의장 역할을 맡아 회의 중간중간에 발언 내용들을 정리해 주기로 했다.

첫 순서로, 국가별 기조연설을 했다. 발언 명부를 주고 발표 순서를 학생들 스스로 정하게 한 뒤 차례대로 발표를 했다. 학생들은 우드락으로 시각 자료를 만들기도 하고 PPT로 발표 자료를 만들기도 했다.

한 모둠 한 모둠 발표를 하다 몰디브 대표로 참석한 환경부 장관과 환경부 차관의 발표 차례가 되었다. 발표 연습을 꽤나 많이 한 듯 두 사람이 한목소리를 내며 기조연설을 했다.

"지구 온난화를 해결하는 방법으로 첫째, 폐기물 재활용을 합시다. 둘째, 에너지를 절약합시다. 셋째, 친환경 제품을 사용합시다. 넷째, 음식물 쓰레기를 줄입……. 히히히."

이때, 재윤이가 자신들의 모습이 우스꽝스러웠는지 웃음을 참지 못하는 바람에 발표가 중단되었다. 갑자기 벌어진 일이라 모두들 당황했다.

모의 국제회의 모습.

그런데 이어서 생각지도 못했던 상황이 벌어졌다.

"다섯째, 화력 발전을 줄입시다. 여섯째, 분리수거를 잘 합시다. 일곱째, 나무를 많이 심읍시다. 세계 인구의 40%는 해안으로부터 100km 이내에 살고 있습니다. 또한 1억 명에 달하는 사람들이 해발 고도 1m 이내 지역에 살고 있음을 고려해 보면, 지구 온난화로 인한 해수면 상승은 인간의 거주 환경을 크게 바꿀 엄청난 비극이 될 가능성이 높습니다. 비극을 예측했다면 지금부터라도 막아야 하겠죠? 태양광 에너지를 비롯한 다양한 친환경 에너지 개발이 그 답이 될 수 있을 것 같습니다."

같은 조의 성민이가 혼자서 씩씩하게 기조연설을 마무리했다. 웅성거리던 분위기는 어느새 사라지고 모두들 성민이의 목소리에 귀를 기울였다. 발표가 끝나자 박수 소리가 크게 들렸다.

성민이는 평소에 내성적인 성격이라 수업 시간뿐 아니라 친구들끼리 있을 때도 목소리를 크게 내는 법이 없었다. 오늘 이 수업을 위해 성민이가 얼마나 많은 준비를 했는지 알 수 있었다. 어느새 성큼 자란 성민이를 보고 있노라니 울컥한 기분이 들었다. 오늘 성민이는 분명 자신 속에 숨겨진 또 다른 모습을 발견하면서 자신감이 무럭무럭 자랐을 것이다.

기조연설 후 '지구 온난화 방지를 위한 세계 각국의 공조 방안' 마련을 위한 공식 회의가 진행되었다. 도움을 호소하는 북극 대표 북극곰 건이와 유찬이의 발언을 시작으로, 학생들이 서로 자신의 나라에게 발언권을 달라고 국기를 들어 요구했다.

"아이티는 지진 이후 경제적으로 많은 어려움을 겪고 있어 도움이 꼭 필요합니다."

여기서 잠깐!

모의 국제회의를 마치면서 소감 한마디!

오늘 많은 것을 배웠다. 그중에서도 모둠원들과 대화를 하며 지구의 갈등을 하나둘 해결하는 것이 가장 재미있었다. 내가 말을 좀 못 하는 편이지만, 다음부터는 말하기 연습도 하고 관련된 자료들도 많이 찾아올 것이다. 물론 먼저 나 자신을 믿는 자신감을 먼저 찾아야겠지만. _1학년 3반 강○재

실제로 지구에 있는 갈등을 우리가 한번 토의해 보며 어떤 해결 방안이 있는지, 어떤 문제점들이 있는지 생각해 볼 수 있어서 좋았다. 그리고 발표하는 사람이 많으니까 더 재미있는 느낌이었다. _1학년 3반 이○욱

국제회의를 처음 경험해서 조금 당황스러운 부분도 있었지만, 다 같이 기분 좋게 끝내서 좋다. 국제회의를 통해 각 나라가 겪는 지구 온난화의 심각성과 문제의 해결 방안도 알게 되었다. 앞으로 이런 수업을 통해 우리 반 친구들의 새로운 모습을 많이 보았으면 좋겠다. _1학년 3반 김○준

"투발루는 국토가 물에 가라앉고 있어요."

"미국도 피해가 만만치 않지만, 경제적으로 여유가 있으니 아이티와 북극에 식량을 지원하고, 투발루 국민들의 이주를 받아들이겠습니다."

"어려움에 처한 나라를 돕는 일도 중요하지만, 지구 온난화 문제를 근본적으로 해결할 방법을 찾는 것도 중요합니다."

공식 회의 후 비공식 회의를 통해 공동 선언문을 작성하고, 거수를 통해 결의문을 결정하면서 모의 국제회의를 마쳤다. 18개국 모두 적극적으로 회의에 참여했으며, 공동의 문제를 해결하는 방법이 무엇인지 온몸으로 느껴 보는 시간이었다.

학생 활동 중심 수업을 통해 학생들은 잠재되어 있던 자신의 능력을 조금씩 발견해 갔다. 그 최종 결과물이 모의 국제회의라고 생각한다. 이 수업을 준비하는 과정은 선생님으로서 내 삶에도 특별한 사건으로 오래오래 기억에 남을 것이다.

새로운 전설을 위하여!

자유학기제는 1학년 3반 학생들과 나에게 한마디로 터닝 포인트였다. 내가 여러 가지 수업 방법을 계획하고 실행할 수 있었던 것은 우리 반 학생들이 수업 시간마다 다른 빛깔을 내며 나와 마주 섰기 때문이다. 자유학기제로 인해 힘들고 지친 날들도 많았지만, 언제나 나를 다시 일어나게 만드는 것은 학생들이었다.

"선생님, 선생님 목소리가 꿈속에서도 들려요."

"선생님, 친구들과 함께 수업을 하니까 정말 좋아요."

짧고도 길었던 2013년 2학기, 1학년 3반 학생들과 보낸 시간은 선생님으로서 내게 새로운 꿈을 갖게 해 준 다시없는 기회의 시간이었다. 그래서 나는—앞에서도 이야기했듯이—1학년 3반 아이들과의 만남이 '신의 한 수'라고 생각한다.

이제 1학년 3반의 전설은 깨졌다. 우리 반 학생들은 더 이상 꼴찌가 아니다. 너무나 아름다운 눈빛을 지닌 존재가 되었다. 꿈 찾기 발표 대회에서 자신의 꿈을 힘 있게 발표하는 자신감 넘치는 학생이 되어 있었고, 밴드부 공연에서 자신의 끼와 재능을 마음껏 발휘하는 멋진 학생이 되어 있었다.

시험이라는 잣대로만 1학년 3반 아이들을 평가한다면 여전히 꼴찌다. 하지만 자유학기제 안에서는 언제나 1등이다. 그리고 언제 어디서나 1등이 될 수 있는 잠재력을 지니고 있다. 1학년 3반 36명의 아이들. 이들은 2014년 2학년이 되면 또다시 새로운 전설을 만들게 될 것이다.

모의 국제회의를 결정하게 되기까지

공개 수업을 하기로 한 뒤, 나 혼자 머리를 쥐어뜯으며 토론 주제를 찾다가 결정이 쉽지 않아서 학생들에게 선택할 기회를 주기로 했다. 자유학기제를 통해 학생들의 수업 참여율이 높아지자, 학생들에게서 수업의 아이디어를 얻는 경우도 많아졌다.

"지난번에 융합 수업 했던 거 기억나죠? 이번에도 과학과 국어를 융합해서 수업을 하려고 해요. 어떤 주제로 하면 좋을까요?"

사실 과학은 지난번에 투석기 수업을 했던 터라 큰 호응이 없었다. 이곳저곳에서 웅성거리는 소리가 들렸다.

"좋아요, 다 같이 의논해서 주제를 정해 보도록 해요."

"모둠별로 과학과 관련된 토론 주제를 찾아오고 저희끼리 투표로 결정하면 좋겠어요."

인호가 말했다.

그날이 금요일이라 주말 동안 생각해서 월요일 아침에 투표하기로 했다. 월요일 아침에 민욱이과 인호가 주도하여 아침 자습 시간에 회의를 했고, 토론 주제 1, 2, 3위가 나왔다.

"1위는 원자력, 2위는 지구 온난화, 3위는 바이오 에너지예요."

"원자력 문제에 애들이 관심이 많은 것 같아요. 일본에서 일어난 후쿠시마 원전 사고 때문에 더 그런 거 같아요."

과학 선생님과 토론 주제에 대해 의논했더니, 원자력 문제는 3학년 때 나오는 것이어서 1학년이 다루기에는 어렵단다. 그래서 학생들에게 토의를 통해서 지구 온난화와 바이오 에너지 중에서 하나를 선택하라고 했다.

그날 점심시간에 수현이가 찾아왔다.

"선생님, 바이오 에너지는 답이 정해져 있어서 토론 주제로는 적합하지 않은 것 같아요."

모의 국제회의를 준비하면서 가장 많이 달라진 모습을 보인 학생 중의 한 명이 수현이다. 수현이는 과학에 관심이 많은 데다 똑똑하기도 했지만, 평소에 말이 없는 소극적인 학생이었다. 그런데 2학기 들어 협동 학습과 토론 수업을 통해 적극적으로 자신의 의견을 말하는 모습을 자주 볼 수 있었다.

"그럼 어떻게 하면 좋을까?"

"제 생각에는 바이오 에너지보다 지구 온난화 문제가 토론 주제로 더 적당할 듯해요."

"좋아요, 그러면 같은 생각을 하는 친구들이 얼마나 있는지 알아볼까요?"

점심시간이라 교실에 학생들이 많지 않았다. 수현이를 포함해 여섯 명의 학생들이 토론 주제를 놓고 열띠게 논의를 하기 시작했다. 그런데 토론 주제로 조금 부족하다는 의견이 나왔다.

"지구 온난화 문제가 왜 생기는지, 그리고 지구 온난화를 어떻게 막을 것인지에 대해 얘기해야 할 것 같은데……. 그러자면 토론 주제로는 적합하지 않은 것 같아요."

"인간의 화석 연료 사용의 증가로 지구 온난화가 더 심해진다는 연구 결과가 많기 때문에 팽팽한 토론은 어려울 것 같아요."

학생들의 말을 듣고 있노라니 수업 방법을 바꾸어야겠다는 생각이 들었다.

"여러분 생각을 잘 알았어요. 수업 방법에 대해 좀 더 고민해 볼게요. 고마워요."

학생들이 지구 온난화 문제로 갑론을박하는 모습을 보면서, 자연스럽게 모의 국제회의를 떠올렸다. 지금에 와서 돌아보면 학생들이 차려 놓은 밥상에 숟가락만 올렸다는 생각에 고맙기도 하고 미안하기도 하다. 하지만 수업 주제까지 학생들이 정하는 과정 자체가 자유학기제의 취지와 딱 맞아떨어졌다는 생각에 지금도 절로 미소가 떠오른다.

Chapter 3

서른 개의 끼, 하나의 하모니

강원 함태중학교 | **염혜현**

함태중학교는 강원도 태백시 폐광 지역에 있는 11학급의 중소 규모 학교이다. 2012년부터 강원도형 혁신 학교인 '행복 더하기 학교' 운영을 통해 수업 방법 개선을 위한 선생님들의 수업 연구가 활발하게 진행되고 있다. 2013년 자유학기제를 맞아 수업 혁신을 더욱 깊이 있게 진행하였고, 학생 활동 중심의 진로, 자율 과정 및 예술 동아리 활동이 운영되고 있다. 자유학기제를 시작하며 진로 담당 선생님 5명과 10과목 선생님으로 이루어진 15명의 운영팀을 꾸려, 한 학기 동안 행복한 함태인의 꿈과 끼를 키우기 위해 뛰어다녔다.

선생님, 탐구해 보고 싶어요!

'베르사유 궁전과 소쇄원을 통한 정원 문화 비교'

'태백 물 닭갈비의 유래와 판매 전략'

'요리로 배우는 과학'

이렇게 포스가 느껴지는 제목들이 뭐냐고? 바로 궁금한 것도, 알고 싶은 것도 많은 아이들이 교실마다 오밀조밀 모여 열심히 자료 검색과 발표 준비에 열중하고 있는 주제들이다.

스스로 탐구하고 싶은 주제를 선택하여 그 주제에 관련된 정보를 조사하고, 모둠별로 탐구한 내용을 전시·발표하는 협력 학습인 '프로젝트 수업'. 지식과 상식을 얻는 데 그치지 않고 소통하는 방법까지 배우는 프로젝트 수업은 우리 학교에서 이미 생활의 일부가 되었다.

함태중학교는 기본 교과 수업뿐 아니라 방과 후 수업, 방학 중 특별 수업 시간에 전교생을 대상으로 프로젝트 수업을 진행하고 있다. 2012년부터 시작한 '강원 행복 더하기 학교'를 통해 수업 개선의 밑바탕을 다졌기 때문일까? 2013년에 자유학기제를 맞이하며 학생 참여 수업과 프로젝트 수업의 내용과 깊이가 날로 확장되고 있음을 느낄 수 있었다.

혼자가 아닌 '함께' 주제를 탐구하며 서로를 바라보는 아이들의 눈빛, 친구를 배려하고 내 의견을 조정해 가는 아이들의 마음, 열심히 자료를 찾아 재구성하는 아이들의 열정.

그 아름다운 모습들로 가득 찬 함태인의 프로젝트 수업 모습을 살짝 공개한다.

희곡 읽고 UCC 만들기

국어 2실에서 진행되는 방과 후 수업 시간. 개성 많고 활발하지만 수업 시간 집중도만큼은 최고인 1학년 3반의 프로젝트 수업이 한창 진행 중이

프로젝트 수업의 한 장면.

다. 수업 시간에 배운 희곡 〈들판에서〉를 모둠별로 나누어 내용을 패러디하거나 각색하는 등 다양한 방법으로 UCC를 만들어 발표하는 수업이다.

약 2주의 시간 동안 아이들이 직접 희곡의 대본을 재구성하고, 그림자극, 애니메이션, 게임 모션을 활용한 영상, 직접 연기한 드라마, 인형극 등 다양한 아이디어를 접목시켜 다시 탄생한 희곡은 그야말로 원작을 넘어서는 수준이라 혀를 내두를 만했다.

오늘 수업은 4차시의 블록 수업 중 마지막 시간으로, 다른 모둠이 제작한 영상을 함께 시청하고 그동안 활동을 하며 느낀 점을 발표할 차례였다.

하얀 얼굴에 수줍은 듯 늘 빨간 볼을 하고 말없이 반 아이들의 우유를 성실하게 배달해 주던 3조 이준이가 학급 친구들 앞에 섰다. 아이들은 조용하면서 신사적인 이준이가 앞에 서서 인사를 하자 모두 '네 목소리 처음 들었어!' 하는 표정으로 열렬히 환호해 주었다.

영상을 틀자 할리우드 영화의 시작 장면을 연상케 하는 한 마리 사자가 큰 소리로 울부짖는다. 희곡 〈들판에서〉의 절정 부분이다. 3조는 애니메이션 형식으로 영상을 제작했는데, 같은 모둠의 다임이와 나현이가 그림을 그려 스톱 장면 사진을 찍고, 호겸이와 이준이가 편집과 배경 음악 넣기 등 영상 제작을 맡았다. 독수리 형제를 패러디한 생생한 그림으로 희곡의 내용을 표현했을 뿐 아니라, 적절한 배경 음악과 애니메이션 효과 등이 어우러진 손볼 데 없이 훌륭한 영상이었다.

모둠원의 이름이 엔딩 자막으로 화면에 나오자 반 아이들 모두 힘껏 박수를 쳐 주었다. 요즘같이 이유 없는 비방과 비난이 난무하는 시대, SNS 세대가 이렇게 서로의 좋은 면을 칭찬하고 격려하는 것을 보니 뭉클한 느낌과 함께 대견하다는 생각이 들었다.

다음 조는 영빈이와 창호, 은성이가 직접 연기를 한 영상인 희곡의 대단원 부분을 발표하는 순서였다. 인기가 많고 깍쟁이 같은 영빈이가 주인공 역할을 하며 오글거리는(?) 장면까지 훌륭히 소화했다. 4조의 발표는 워낙 열렬한 호응을 얻은 터라, 발표를 마치고 특별히 4조 모둠원 모두 소감을 발표했다.

"저는 UCC 만들기 프로젝트를 하면서 무척 즐거웠어요. 어울리는 배경 음악을 찾고, 대본을 바꿔 쓰는 부분에서는 상

상력을 총동원했어요. 요즘 현실을 최대한 많이 반영하고 싶었는데, 그 부분은 좀 힘들었던 것 같네요. 동영상을 편집할 때 어디서 끊어야 할지 몰랐는데, 영빈이가 도와줘서 잘된 것 같아요."

"샘, 저는 제 인생 14년 만에 처음으로 연기를 했는데요, 좀 오글거리지만 재밌었어요. 아무래도 연기는 제 적성인 것 같아요."

아이들을 빵 터트리게 한 창호는 장난기 어린 소감을 이야기하면서도 정말 즐겁고 행복한 표정이었다.

영어로 하는 프레젠테이션

영어 1실. 늘 나서기 좋아하고 선생님들의 사랑에 목말라 하는 승현이가 앞에 나와 PPT 화면을 가리키며 '미국의 Housing'에 대해 발표를 하고 있다. 평소 선생님의 "교복 단정히 입어라." "실내에서는 실내화를 신는 거다." 등등 갖가지 잔소리에도 늘 능구렁이같이 웃고 넘어가기가 일쑤였던 승현이가 내심 긴장한 모습이 역력했다.

친구들과 선생님의 눈동자가 모두 자신을 향해 있어 그런 걸까? 하지만 진지하게 모둠 탐구 내용을 프레젠테이션하는 모습을 보니, 조금은 낯설지만 승현이의 새로운 면이 보이는 느낌이었다.

이어서 3반의 대표 모범생인 진희가 미국의 애니메이션에 대해 매끄럽게 발표를 마쳤다.

"평소에 미국의 애니메이션에 대해 관심이 많은 편이어서, 이 분야에 대해 꽤 많이 알고 있다고 생각했어요. 그런데 막상 조사를 시작해 보니 아는 것보다 모르는 게 훨씬 많다는 생각이 들었어요. 그리고……, 제가 조장이었는데 소현이와 아영이가 만든 PPT를 마지막에 하도 많이 수정해서 미안하다는 말을 지금 전하고 싶어요."

진심으로 사과하는 진희의 이야기를 들으니 평소 활발하고 적극적이던 소현이가 이번 프로젝트에서는 왜 이리 꿍한 모습이었는지 이해할 수 있었다.

프로젝트 수업을 진행하면서 아이들의 결과 발표를 볼 때마다 느끼는 것이지만, 아이들은 모두 다르다. 끼도, 잘 하는 것도, 성격도, 한 명 한 명 모두 다 다른 색깔을 갖고 있다. 비단 나만 느끼는 게 아니라, 반 아이들 모두 조금씩 느끼고 있으리라. 평범한 주입식 수업에서는 찾아볼 수 없는 프로젝트 수업만의 크나큰 장점이다.

자율 주제 팀 프로젝트

방과 후 8교시 기술실. 먹을 거 좋아하고 늘 힘이 넘쳐서 때때로 '여기 혹시 봉숭아 학당 아니야?'라고 생각하게 만드는 1학년 1반의 자율 과제 프로젝트가 한창 진행 중이다.

바로 전 시간에 주제 잡기를 마치고, 이제 막 조사와 탐구를 시작했다. 모둠별로 주제가 다르다 보니 탐구 방법도, 진행 속도도 각기 다르다. 그래서 '주제 구체화하기', '탐구', '시각화 단계'가 각 모둠별로 진행 중이다.

늘 쉬는 시간마다 과자를 입에 달고 사는 1반의 익살꾼 현성이가 있는 모둠은 역시나 주제가 '요리에 숨겨진 과학'이다. 노트북 화면에 맛깔스런 달고나 사진과 화학식이 가득하다.

"현성아, 달고나의 과학적 원리가 아니라 맛이 궁금한 거 아니야?"

"아, 샘! 어떻게 아셨어요? 그리고요, 제가 6학년 때 집에서 설탕으로 달고나를 만들어 봤는데요. 그때 안 부풀더라고요. 왜 그런지 찾아보니 탄산수소나트륨을 안 넣었기 때문이래요! 샘, 모르셨죠?"

현성이가 노트북 마우스를 분주하게 움직이며 인류 최고의 비밀이라도 찾아낸 듯 호들갑을 떨어 대는 동안, 옆자리 예성이는 열심히 화면의 중요한 내용을 휴대폰으로 찍고 있다.

옆 조에서는 아이들이 전지를 모둠 가운데 놓고 머리를 맞대고는 무언가 열심히 그리고 있다. 그런데 이 모둠도 역시 주제가 먹는 것과 관련되어 있다. 역시 한창 자라나는 아이들의 주된 관심사에서 먹거리는 빠질 수가 없나 보다.

전지 한가운데 그려진 동그라미에 '태백의 대표 음식 소개와 판매 전략'이라고 쓰여 있다. 아이들은 자신들이 14년 동안 살아오면서 먹었던 음식 중 제일 맛있는 음식에 대해 나름대로 가지치기를 해 나간다.

"'태백' 하면 역시 한우지."

"야, 한우는 비싸서 잘 안 팔려! 맛있으면서 잘 팔리는 걸로 고민해 봐야지."

맞다. 한우가 맛있긴 하지만 비싸지. 늘 틀린 말은 피하고 곧이곧대로 이야기하는 가람이의 냉철한 성격이 그대로 드러나는 활기찬 모둠 활동 시간이다.

여기서 잠깐!

'행복 더하기 학교'와 '자유학기제'

강원도형 혁신 학교인 '강원 행복 더하기 학교'로 수업 혁신을 시작하면서, 처음에는 방과 후 수업 시간, 방학 중 특별 수업 기간에만 프로젝트 수업을 진행했지만, 자유학기가 시행되는 동안은 기본 교과를 포함한 모든 수업에서 프로젝트 수업 방식을 활용했다.

물론 각 교과의 특성에 따라 토의, 토론, 실험, 실습, 교과 통합 등 다양한 방식의 수업을 시도했지만, 공통 수업 방식으로 프로젝트 수업을 채택한 것이다. 말하자면 함태중학교만의 자유학기제 특별 수업이라고 할까?

자유학기보다 한 학기 먼저 시작해서 그런지, 아이들도 주제 탐구나 모둠별 협력을 낯설어하지 않고 금세 뛰어난 적응력을 보여 주었다. 또한 기본 교과목 모두 프로젝트 수업을 활용하다 보니, 따로 팀을 구성하거나 수업 연구회를 조직하지 않아도 자연스럽게 선생님들 사이에서 비공식적인 연구 모임이 활성화되기도 했다.

"샘은 태백 물 닭갈비에 한 표."

청주에서 지내다 올해 처음 태백에 터를 잡은 기술 선생님도 한몫 거들며 사인펜을 들고 3조의 브레인스토밍에 동참한다.

교실마다 아이들이 모여 앉아 그리고, 쓰고, 찾아보고, 서로 이야기를 나누며 함께 무언가를 만들고 있다. 이런 아이들의 열정이 결과물에 오롯이 녹아들기를 기대한다.

행복이 더해지는 프로젝트 수업

우리 학교는 강원도형 혁신 학교를 운영 중에 있었고, 교과 교실제도 구축하고 있었기에 수업 혁신에 있어서 선생님들이 이미 변화의 흐름을 완전히 받아들이고 있는 상태였다. 따라서 자유학기제를 맞이하여 프로젝트 수업을 더욱 활성화시킬 수 있었다.

앞서 보았던 국어와 영어 시간의 사례처럼, 교과 시간에는 교과와 관련된 주제를 선생님이 먼저 제시하고, 기본이 되는 이론을 학습한 뒤, 학생들이 더 깊게 탐구하는 형태로 프로젝트 수업이 진행된다. 반면에 방과 후 수업 시간에 이루어지는 프로젝트 수업은 자율 주제도 허용하고 있다.

자율 주제의 경우, 먼저 선생님이 제시해 준 주제나 학생이 탐구하고 싶은 주제를 모둠별로 선정한다. 학급 구성원 수에 따라 다르지만 대부분 한 모둠을 4명으로 구성하는데, 프로젝트를 시작하기 전에 한 사람이 한 가지 역할을 꼭 맡을 수 있도록 '프로젝트 사전 모둠 협의'를 한다. 그리

1

2

1 종이 바벨탑 쌓기.
2 투석기 만들기.

고 협의를 마치면 의견 조율표와 계획서를 제출한다.

발표 주제는 참으로 다양하다. 교과와 연계된 주제에서부터 학생들이 직접 선정한 '요리로 배우는 과학', '외계인과 UFO', '우리 학교 선생님 탐구'와 같은 말랑말랑한 주제까지, 상상 이상의 다채로운 내용으로 프로젝트 수업이 진행되었다.

특히 2학기 자유학기제의 시행을 앞둔 1학년의 경우, 공통 주제로 '미리 만나는 자유학기제'라는 프로젝트를 진행했다. 그런데 일률적으로 다른 나라에서 시행 중인 유사한 제도를 조사하는 선에서 그치지 않을까 생각했던 선생님들의 우려와 달리, 자유학기제에 거는 자신들의 희망과 스스로의 꿈 이야기, 나아가 받고 싶은 수업까지 내용에 담아 오히려 자유학기제를 준비하는 선생님들을 긴장시키기도 했다.

프로젝트 시간은 사전 협의 1차시, 본 주제 탐구 시간 6차시, 그리고 발표와 평가 3차시 등, 총 10차시로 구성하기를 권장하고 있다.

이때 학생들이 프로젝트를 수월하게 수행할 수 있는 환경을 만들어 주는 것이 매우 중요하다. 우리 학교에서는 노트북 50여 대를 새로 구입해 모둠별 수업과 프로젝트 수업에 자유롭게 사용할 수 있도록 지원해 주었고, 도서실을 개방하고 스마트폰을 위한 Wi-Fi 환경을 마련하는 등 탐구 중 필요한 정보를 검색할 수 있도록 적극적으로 나서고 있다.

프로젝트 수업의 꽃이라 할 수 있는 프레젠테이션 방법은 보고서(대형 게시물 보고서 포함), 동영상, PPT 등 모둠별로 주제의 특성에 맞게 자유로운 형식을 취할 수 있다.

1 2 자율 주제 프로젝트 수업 모습. 3 '미리 만나는 자유학기제' 발표 장면.

:: 2013년 함태중학교 여름 프로젝트 학습 주제

1부 : 필수 주제			
순서	학년	모둠 및 발표자	주제
1	1-2	박○현	미리 만나는 자유학기제
2	1-1	김○주	
3	1-3	이○호	
4	1-3	정○주	
5	1-1	박○주 김○휘	
6	1-1	정○지	
7	1-2	이○아	
8	1-4	장○민	
9	1-2	이○철	
10	1-3	김○향	

2부 : 자유 주제			
순서	학년	모둠 및 발표자	주제
1	1-3	문○진	기상 재해 대처 방법
2	1-1	전○준	패션
3	1-1	소○준	착시 현상
4	1-3	김○현	방사능 피폭 피해
5	1-1	백○연 임○정	엄마의 잔소리
6	1-4	김○진	애니메이션
7	1-2	천○름	요리로 배우는 과학
8	1-2	임○은	과일 껍질로 염색하면 어떤 색이 될까?
9	1-3	김○훈	패션
10	1-2	이○은	외계인과 UFO

사실 모둠별로 몇 시간씩 준비한 자신들의 탐구 주제를 친구들 앞에서 일목요연하게 발표하는 것도 중요한 일이지만, 많은 사람들 앞에 서서 긴장감을 느끼며 프레젠테이션을 한다는 것 자체가 소중한 경험이다.

또한 친구들의 발표 하나하나에 집중하고, 본인들이 수행한 주제와 다른 모둠을 비교해 보며 진심을 담은 칭찬과 함께 SNS 세대다운 날카로운 비평을 서슴지 않는 시간이기도 하다.

발표할 때에는 자기 평가와 동료 평가, 모둠별 평가의 3단계를 함께 진행하고, 평가를 마치고 나서 각 학급별·교과별 우수 프로젝트는 태백문화예술회관에서 열리는 본선 대회에 진출하게 된다. 학급 친구들을 넘어, 전교생, 학부모, 지역 사회 주민 등을 모신 자리에서 발표를 하게 되는 것이다.

수많은 관객이 바라보는 큰 무대에서 자신들이 탐구하고 공부한 영역에 대해 발표하고 공개하는 자리는 아이들에게 성취감을 주어 긍정적 자신감을 키워 줄 뿐 아니라, 그동안 겪어 보지 못했던 새로운 경험을 할 수 있도록 만들어 준다는 데 큰 의미가 있다.

뿐만 아니라 관객의 입장에서 다른 팀의 프레젠테이션을 지켜보는 학생들 역시, 수업 시간과는 달리 호기심 어린 눈으로 또래의 관심사와 주제에 흠뻑 빠져들게 되는 훌륭한 교실 밖 수업 시간이기도 하다.

조화를 배우고, 배려를 행동으로 옮기다

프로젝트 수업의 가장 대표적인 효과는 아이들의 자발적 참여도가 높아진다는 점이다. 분필을 잡은 선생님의 손끝만 바라보는 게 아니라, 모둠 속에서 자신만의 역할을 맡아 과제를 수행하며 느끼는 성취감을 통해 수업에 대해 호기심과 흥미를 저절로 느끼게 된다. 또한 교과 진도 위주의 수업 때문에 포기해야 했던 실험과 실습을 온몸으로 경험하다 보니, 자연스럽게 심화 학습이 이루어지게 된다.

물론 프로젝트 수업의 단점도 있다. 모둠 수업이나 협동 수업이 늘어나다 보니, 지식이나 이론 부분에 있어서 어려움을 호소하는 경우가 간혹 있었다. 또한 개인적인 성향이 강해서 프로젝트 또는 협동 수업에 적응을 힘들어하는 학생도 있었다.

프로젝트 수업의 특성상 모둠원들의 분위기가 과제 수행에 많은 영향을 끼치게 된다. 그러다 보니 마음이 잘 맞는 친구들끼리 모둠을 구성하는 게 가장 이상적이기는 하지만, 프로젝트마다 원하는 친구들하고만 모둠을 구성할 수 없다 보니 학급 내에서 작은 갈등이 생겨나기도 한다.

따라서 프로젝트 수업을 진행할 때 가장 예민하게 접근해야 할 부분이 바로 모둠 구성 단계이다. 학급의 분위기나 아이들 간의 교우 관계, 과제

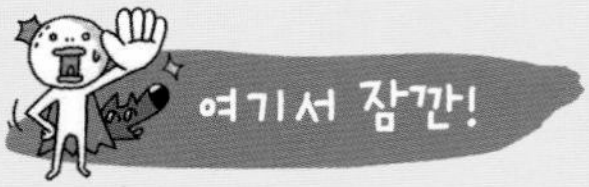

하이원 2013 대한민국 프레젠테이션 대회

함태중학교의 프로젝트 발표 결과물은 태백 안에서 끝나는 것이 아니라, 더 큰 무대로 나아가기도 한다. 그 결과로 2013년에는 우수 프로젝트 팀 중 하나가 전국 대회에 참가해서 수상의 기쁨을 누렸다.

'대한민국 프레젠테이션 대회'는 2011년 7월 7일, 남아프리카공화국 더반에서 세계인의 이목을 하나로 집중시키며 2018 동계 올림픽 평창 유치에 큰 역할을 한 김연아 선수의 프레젠테이션을 계기로 만들어진 대회이다. 소통의 핵심인 프레젠테이션을 통해 전국의 모든 학생들이 교류하며 발표와 설득의 기술을 겨뤄 글로벌 리더를 뽑는다는 취지로 진행되고 있다.

하이원리조트에서 주최하고, 교육부와 문화관광부의 후원으로 진행되며, 초등부·중등부·고등부·대학-일반부로 나눠 각각 예선과 본선, 결선을 거쳐 우승팀을 뽑는 경연 대회이다.

이행 능력 등을 잘 파악하여 협동과 배려가 잘 이루어질 수 있도록 모둠 구성을 도와주는 것이 프로젝트 수업에서 선생님이 해야 할 가장 큰 역할이라고나 할까?

모둠을 구성하는 대표적인 방법으로 주제를 먼저 제시하고, 학생들이 원하는 주제 아래 모이게 하는 방법이 있다. 가장 수월하고 일반적인 방법이긴 하지만, 하나의 주제에 희망 인원이 많이 모일 경우에 의지와 달리 다른 주제를 선택해야 하는 모둠원이 생길 수 있다.

예를 들어 국어 시간에 '한글'이라는 대주제 아래, '훈민정음의 창제 원리', '세종대왕과 집현전 학자', '한글의 수출 방법', '한글과 한류 열풍' 등 여러 소주제를 제시해 준다. 그러면 대부분의 학생들이 '한글과 한류 열풍' 탐구 모둠을 지원한다. 하지만 교과 특성상 다양한 탐구 주제에 대한 결과를 공유해야 하므로, 모둠의 인원수를 조정하게 된다. 따라서 자신이 희망한 주제가 아닌 '훈민정음의 창제 원리' 모둠으로 간 학생의 경우, 열의가 떨어지는 단점이 생기기도 하는 것이다.

다른 방법으로 선생님이 학생들의 적극성, 교과 성적 등을 중심으로 아예 모둠을 구성해 주는 방법이 있다. 모둠원들의 성향은 모두 다르지만 모둠의 전체적 과제 이행 능력이 비슷비슷하기 때문에 모둠 내 갈등이 생기는 일은 별로 없다. 하지만 아무래도 선생님이 모둠을 일방적으로 정하게 되면 강제성을 띠는 셈이므로 되도록이면 피하고 싶은 방법이다.

그 외에 학생들에게 자율적으로 맡기는 방법도 있다. 주로 친한 친구들끼리 모둠을 구성하게 되므로 호흡이 잘 맞아 과제 수행이 매끄럽게 진행된다는 장점이 있지만, 소외되는 학생 없이 학급 구성원 전체가 참여할 수 있도록 담당 선생님이 신경 써서 잘 이끌어야 한다.

학생 자율에 맡긴 모둠 수업을 여러 번에 걸쳐 진행하다 보면 아이들 각각의 사회성뿐 아니라, 숨어 있는 왕따나 교우 관계를 힘들어하는 친구들을 발견하게 된다. 그런데 놀라운 건, 처음에는 원하는 친구들끼리만 모둠을 조직하다가도 프로젝트 수업이 몇 번 반복되면 혼자 있는 친구나 평소에 가까이하지 않던 친구에게 먼저 손을 내미는 학생들이 나타난다. 서른 명의 아이들이 하나의 하모니를 이루기 시작하는 것이다.

수업을 통해 교과 내용을 습득하는 것도 중요하지만, 사회성을 배우며 조화와 배려, 남과 함께하는 삶의 태도를 경험하는 것은 더 중요하다. 우리 아이들은 프로젝트 수업을 통해 타인을 이해하고 자신을 절제하는 소통 능력을 배우고 있는 것이다.

상대와 나를 조율하고, 소통을 통해 최선의 결과를 얻는 과정에서 배우는 더불어 살아가는 방법. 이것이야말로 더 큰 세상으로 나아가는 아이들의 삶을 반짝반짝 빛나게 해 줄 보석 같은 경험이다.

서른 개의 끼를 찾아 더 넓게, 더 깊이!

2년여째 진행해 온 우리 학교의 프로젝트 수업은 자유학기제를 맞이하면서 그 내용과 수준이 점점 다양하면서도 깊어지고 있다. 또한 주제를 찾고 탐구하여 발표하는 총체적 역량뿐 아니라, 적극적으로 협동하여 결과물을 산출하는 능력 또한 날로 성장하고 있다.

따라서 이제는 몇 가지 보완점을 찾아 아이들의 역량을 한 단계 더 끌어올릴 수 있는 프로젝트 수업을 준비하고 있다.

먼저 교실이라는 한정된 공간에서 벗어나려고 한다. 선생님들은 새롭고 창의적인 수업 방법을 찾아내기 위해 매일같이 고군분투하지만, 여전히 '교실 내 수업'이라는 생각에는 변함이 없는 경우가 많다. 하지만 프로젝트를 진행하는 활동 장소는 체육관, 운동장, 방송실, 때때로 학교 밖 담

여기서 잠깐!

자유학기제, 저는 이랬어요!

"자유학기제가 시작되자 거의 모든 수업 시간이 달라진 것 같아요. 그중에서 우리가 직접 참여하고 조사해서 결과물을 만드는 프로젝트 수업이 제일 좋았어요. 신문 만들기, 수학 시간 통계 프로젝트, 영화 포스터 제작 등 몇 가지 과목을 접목했던 모둠 활동이 가장 기억에 남아요. 물론 굉장히 힘들기도 했어요. 하지만 어떤 일이든 친구들과 협동하는 게 혼자 하는 것보다 훨씬 쉽다는 걸 느낄 수 있었어요." _1학년 이○민

"저는 사회 시간에 진행했던 '세계 지도 만들기 프로젝트'가 가장 기억에 남아요. 처음에는 친구들이 서로 지도를 그리겠다고 난리를 치더니만, 금세 다들 하기 싫다고 돌변했지요. 프로젝트 초반에 팀이 어떤 방향으로 움직여야 할 지 알 수 없어 답답했는데, 시간이 흐르면서 현희가 의견을 내놓기 시작하자 다른 친구들도 하나씩 하나씩 움직이기 시작했어요. 사실 저희 모둠이 헤맨 이유는 이야기의 흐름을 주도했던 친구가 제대로 움직이지 않아서였던 것 같아요. 그때 저는 모둠 분위기를 조절하면서 결정권을 사용하는 리더의 역할이 아주 중요하다는 걸 알게 되었어요. 물론 '세계 지도 만들기 프로젝트'에서는 저희 모둠이 1등을 했지요!" _1학년 민○기

장을 넘어 아이들이 사는 생활 터전 곳곳이 될 수 있다.

두 번째로는 한 학기, 혹은 일 년 동안의 장기적인 프로젝트를 시도해 보고자 한다. 지금까지는 대부분의 프로젝트가 단기간에 탐구하고 결과를 낼 수 있는 주제로 진행되었다. 프로젝트 수업의 특성상, 과정도 중요하지만 발표와 보고서 작성이라는 단기적인 결과물 역시 중요시될 수밖에 없기 때문이다.

하지만 앞으로 '고원 레저 도시로 다시 태어나는 폐광지', '잊혀진 폐광지, 벽화 마을로 다시 태어나기' 등 지역과 연관된 큰 주제나 '스터디로 성적 올리기', '논문, 중학생도 쓸 수 있다!' 등 단순 지식에서 벗어난 장기적인 프로젝트를 실행에 옮기고자 계획 중이다.

나의 꿈에
한 발짝 더 가까이

::함태중학교 1학년 **정○진**

2013년. 나에게는 올해 잊지 못할 추억 거리가 있다. 자유학기제라는 새로운 방식으로 나의 꿈에 대해 고민하던 여름 방학 무렵, 나는 가현이, 소원이와 함께 하이원에서 주최하는 〈2013 대한민국 프레젠테이션 대회〉에 참가하게 되었다.

처음에는 새로운 경험이라고 가볍게 생각하며 시작했는데, 서울에서 제주도까지 총 40여 개 팀이 출전한 이번 대회에서 우리 팀이 결승까지 올라가 중등부 3위에 입상했다. 학교에서 여러 프로젝트 수업을 통해 발표하고 조사했던 경험들이 쌓여 좋은 결과를 얻을 수 있었던 것 같다.

대회에 참가하기로 결정하고 난 뒤, 고민 끝에 우리가 정한 주제는 '기부'와 '봉사'. 다른 팀이 택하지 않을 신선한 주제를 잡기 위해 기부와 봉사에 관련된 내용을 모두 공책에 적고 브레인스토밍부터 시작했다. 우리는 강제적인 봉사와 그 해결책에 대해 자료를 꾸몄고, 봉사도 우리 생활의 일부라는 점에 착안해서 팀 이름을 '생활의 발견'으로 정했다.

우리는 예선 통과를 위해 원고를 수정하고, 매일 발표 연습을 했다. 새벽까지 연습하고 맞춰 가다 보니 협동심도 길러지고 처음보다 훨씬 자연스러워졌다. 예선 하루 전날, 부족한 잠을 보충한 뒤 대회 숙소에서 하루 동안 밤 세워 연습했다. 그날 처음으로 가족이 아닌 다른 사람들과 밤을 세웠다. 힘들고 지쳤지만 친구들과 함께하니 정말로 재미있었다.

본선에 진출하게 되었다는 걸 알고 내심 기뻤다. 큰 기대를 하진 않았지만, 만약 떨어졌으면 실망이 컸을 테니까. 우리는 피곤하고 힘든 시간을 보내면서 더 열심히 준비했다. 수업이 끝나면 집에서 예비 주제를 정해 PPT를 만들고 원고를 써 보았다. 어느새 매일 하교 후에는 우리 집에 다 같이 모여 회의를 하는 게 일상이 되어 있었다.

본선도 하이원에서 하룻밤 묵어야 했다. 예선과 달리 본선에서는 떨어지면 바로 나가야 하고, 붙으면 하룻밤을 더 묵고 결선에 나가게 되어 있었다. 그리고 본선에서는 예선처럼 주제를 미리 주지 않고, 즉석에서 주제를 던져 주는 방식이었다.

사실 걱정이 이만저만이 아니었다. 즉석에서 주제를 받고 당황해서 집중하지 못하면 어쩌지? 너무 긴장해서 내가 맡은 일을 제대로 잘 못하면 어쩌지? 하는 생각이 머릿속에 가득했다. 다행히도 우리 팀은 주제를 받고 차분하게 해결하기 시작했다. 우리는 주제에 대해 의견을 내고 반박도 해 가면서 서서히 윤곽을 잡아 갔다.

다음 날 발표를 마친 우리 팀은 기운이 빠져 파김치가 되어 있었다. 그때 들리는 소리, "함태중학교 '생활의 발견' 팀 결선 진출!" 순간, 친구들과 나는 놀라고 기뻐서 방방 뛰고 난리를 피웠다. 그때를 생각하면 지금도 저절로 웃음이 난다.

하지만 그럴 시간이 없었다. 흥분을 가라앉히고 얼른 숙소로 돌아가서 결선을 준비해야 했다. 원고를 빨리 써야 하는데 마음만 앞서고……. 겨우 시간에 맞춰 원고를 끝마쳤다. 이틀 동안 잠을 못 자서 그런지 잠깐 누웠는데 눈을 떠 보니 이미 해가 뜨고 있었다. 부랴부랴 연습하고 결선 무대에 올랐다. 무서울 정도로 떨렸지만, 발표하는 소원이와 가현이는 더 떨렸을 거다.

한 명이 발표를 하면 다른 사람은 나랑 눈을 맞추면서 속도를 조절해 가며 무사히 발표를 마쳤다. 우리의 최종 성적 중등부 3위. 아쉬웠지만 수많은 팀을 제치고 결선까지 올라온 것에 충분히 감사한 마음이 들었다.

지금까지는 구체적으로 내가 하고 싶은 일에 대해 생각해 보지 못했는데 프레젠테이션 대회에 참가하고 나니 아나운서가 되고 싶다는 꿈이 생겼다. 물론 앞으로 나의 꿈이 어떻게 변할지는 모르겠지만, 새로운 꿈을 꿀 수 있는 기회가 되었다는 점에서 잊지 못할 소중한 시간이었다.

3

눈을 돌리면 꿈이 보인다

꿈을 찾아 떠나는 여행 _경북 문경서중학교

행복은 수업을 타고 옵니다 _제주 한라중학교

아이들의 꿈을 먹고 자라는 도시 _강원 함태중학교

Chapter 1

꿈을 찾아 떠나는 여행

경북 문경서중학교 | **이래용**

문경서중학교는 소백산 자락의 주흘산 아래 자리 잡은 학교로 전교생이 164명, 한 학년에 2학급씩 총 6학급으로 이루어져 있다. 2013년에 자유학기제를 경험한 1학년은 남학생과 여학생을 모두 합해 42명이다. 큰 규모의 학교로 친다면 1학급 정도의 아이들인 셈이다. 자유학기제를 맞이하여 1학년 수업을 맡은 10명의 선생님들이 학생 중심의 수업 및 진로 탐색 프로그램 운영에 참여했으며, 진로 담당 교사가 없는 상황에서 다 함께 고민하여 최대의 효과를 얻을 수 있도록 노력했다.

문경 새재에서 나고 자란 아이들

문경 새재는 웬 고개인가, 구부야 구부구부가 눈물이로구나.
아리 아리랑 스리 스리랑 아라리가 났네.
아리랑 응응응 아라리가 났네.

대한민국 국민이라면 누구나 한 번쯤 들어 봤을 법한 유명한 노래 〈아리랑〉. 〈아리랑〉의 첫머리에 등장하는 '문경 새재'가 바로 문경서중이 자리 잡고 있는 동네 이름이다. 행정 구역상으로는 경상북도 문경시 문경읍에 속하며, 읍내 인구가 4,000명이 채 넘지 않는 아주 작은 산골 마을이다.

문경 새재는 2013년 문화체육관광부와 한국관광공사가 주관한 '한국인이 꼭 가 봐야 할 국내 관광지 100선'에서 1위를 차지할 정도로 자연 경관이 수려하고 역사적 의미가 깊은 곳이다. 한양으로 과거를 보러 가는 영남 지역 선비들이라면 누구나 지나야 했던 문경 새재는 이곳 사람들에게 경제적 수단으로써 의지처가 되는 동시에, 구르는 돌 하나도 함부로 하지 않는 경외의 대상이 되고 있다.

문경 새재는 그 품에 안겨 나고 자란 아이들에게 어려서부터 심심하면 찾아나서는 신나는 놀이터이자, 어른들과 함께 어우러져 문화를 이어받는 배움터이자, 장차 미래를 향해 떠나게 되는 꿈의 관문이 되어 왔다.

그런데 우리 학교가 자리한 동네는 문경 새재를 끼고 있는 관광 지역이므로, 대부분의 학부모들이 상업에 종사하고 있어서 자녀와의 대화가 절대적으로 부족한 편이다. 또한 여타의 사정으로 인한 결손 가정 학생 수가 전체의 22%에 달하는데, 이 아이들은 늘 부모의 관심과 사랑을 그리워하며 살아가고 있다.

따라서 어려운 가정 환경으로 인해 학교생활에 적응을 잘 하지 못하는 학생들도 많은데, 이는 대부분 학습 부진으로 이어진다. 이런 이유 때문인지 대부분의 아이들은 특별한 꿈이나 희망이 없는 편이고, 심지어 문경 새재 너머의 넓은 세상에도 관심이 없다. 문경 새재 속에 갇힌 우물 안 개구리가 되어 버린 셈이다. 얼핏 보면 자연과 더불어 자라는 해맑은 아이들이지만, 그 속을 들여다보면 저마다 상처를 안은 채 살아가고 있다.

몇몇 아이들은 이렇게 얘기하곤 한다.

"장래 희망요? 제 장래 희망은 동네 PC방 사장이에요. 그러니 공부할 필요가 없어요."

"학비를 대줄 사람이 없어서 대학도 못 갈 텐데, 공부는 해서 뭐해요?"

"꿈이요? 어른들처럼 회사에 취직해서 돈 벌면 되는 거 아니에요?"

이렇게 말하는 아이들을 볼 때마다 어떻게 하면 아이들이 꿈과 희망을 품고 살아가게 만들 수 있을까, 고뇌를 할 수밖에 없었다. 학교 부적응에 대한 치유도, 기초 학력이 부족한 학생들에 대한 보충도 이 문제를 해결하지 않고서는 불가능한 일이었다.

그래서였을까? 자유학기제 연구학교를 모집한다는 공문을 보고 우리 학교 교직원 모두 가슴이 두근거리기 시작했다! 마치 우리 학교 아이들을 위해 마련된 정책인 듯 느껴졌기 때문이다. 자유학기제는 분명 산골 마을 아이들에게 절망 속에서 희망을 길어 올릴 수 있는 마중물이 되리라는 확신이 들었다.

물론 '시험도 없고, 마냥 놀기만 하다 성적이 더 곤두박질치면 어떻게 하느냐?'는 학부모들의 우려도 없진 않았지만, 아이들의 끼를 살리고 꿈을 키워 주는 것이 무엇보다 중요하다는 사실을 부인하지는 못했다.

우리는 1학기 내내 우리 아이들과 학교 여건에 맞는 진로 탐색 프로그램을 기획했고, 여름 방학 중에는 서로 머리를 맞대고 어떻게 하면 한 학기 동안 최대한 효율적인 결과를 얻을 수 있을지 고민을 거듭했다.

여기저기 알아보면서 여러 교육 관련 기관들로부터 멋진 계획과 환상적인 교육 프로그램을 제안받기도 했다. 음악 분야에 관심이 많은 아이들을 위한 시골 학교의 오케스트라, 뮤지컬, 국악, 관현악단 결성에 대한 지원, 20km 떨어진 시내 스포츠 센터에서 운영하는 다양한 스포츠 프로그램, 대도시 금융 회사의 금융 교육 프로그램 등 매력적인 진로 탐색을 위한 기회들이 참으로 많았다.

하지만 우리의 합의점은 우리가 할 수 없는 활동은 과감히 포기하고, 우리 여건에서 이룰 수 없는 계획은 주저 없이 버리자는 것이었다. 그래서 먼 곳에 있는 프로그램들을 억지로 끌고 오는 것이 아니라 지역 사회 인프라와 연계한 진로 탐색 활동에 중점을 두되, 부족한 부분은 직접 찾아가는 진로 체험 활동으로 보완하기로 했다.

그 옛날 푸른 꿈을 안고 과거 시험을 보러 문경 새재를 조심스레 넘던 선비들마냥, 문경서중학교 아이들의 자유학기제 또한 너무도 많은 우려와 기대 속에서 시작되었다. 그 결과는 아무도 가늠할 수 없었다.

교육 기부, 진로 특강과 만나다

"여보세요. ○○○ 선생님 맞습니까? 저희 학교 학생들을 위해 작가 초청 특강을 기획하고 있는데, 학교로 오셔서 강의를 좀 해 주실 수 있으신지요?"

"아, 네. 학교가 어디에 있나요?"

"혹시 문경 새재라고 아시는지 모르겠습니다. 문경 새재 자락에 있는 시골 학교입니다."

"그런데 그곳에 KTX가 다니나요? 제가 요즘 워낙 바쁘다 보니 도로 위에서 시간을 많이 허비할 수는 없는데……."

"여기까지 오는 기차는 없습니다. 버스는 있는데, 시간이 좀 걸립니다."

"아, 그럼 좀 어렵겠는데요. 한두 시간 강의하러 몇 시간을 버스 타고 왔다 갔다 할 수는 없습니다. 다른 작가를 섭외해 보시는 게 좋을 것 같네요. 죄송합니다."

벽지 학교에서 교육 활동 프로그램을 운영하는 데 있어 가장 어려운 점 중의 하나가 강사를 섭외하는 문제다. 대부분 유명 강사 선생님들은 늘 바쁜 시간에 쫓기며 살고 있기에 대도시에서 멀리 떨어진 산골 마을까지 오기가 힘들다. 그렇다고 마냥 그들을 붙잡고 늘어질 수도 없는 노릇이다. 그들은 또 그들 나름대로 문경 새재까지 올 수 없는 충분한 이유가 있기 때문이다.

그래서 우리는 문경 새재에서 나고 자란 동문들과 문경에 터전을 두고 사는 어르신들에게 부탁을 드릴 수밖에 없었다. 온전히 "아이 하나를 키우는 데 마을 전체가 필요하다."라는 말에 의지해서 말이다.

다행히 지역 주민과 동문들은 시골 촌놈들이 용기를 내어 문경 새재 너머로 꿈을 펼칠 수 있도록 도와 달라는 요청에 모두들 적극적으로 교육 기부를 해 주었고, 가진 재능을 아낌없이 나누어 주었다. 주로 동문으로 이루어진 교육 기부자들은 자유학기제가 시행되는 동안 한 달에 한 번 꼴로 본교를 방문하여 생생한 삶을 바탕으로 한 릴레이 식 진로 특강을 이어 갔고, 아이들의 초롱초롱한 눈망울에 반해 장학금마저도 아끼지

여기서 잠깐!

교육 기부 릴레이 행렬이 시작되다!

교육 기부를 받는 데 가장 큰 역할을 한 사람은 교장 선생님이다. 사실 본교 출신이 아니고, 더더욱이 고장 출신이 아님에도 불구하고 지역 사회와 원활한 소통을 위해 지속적인 관심과 협조를 아끼지 않았다. 이렇게 평소에 쏟은 노력이 자유학기제를 맞아 빛을 발하게 되었던 모양이다. 교육 기부 요청에 많은 이들이 주저 없이 먼 길도 마다 않고 달려와 주었으니 말이다.

포항시 바르게살기협의회장이자 본교 총동창회장인 황인식 동문은 '재능보다 중요한 삶의 태도'라는 주제로 성실한 삶의 자세가 꿈을 이루게 한다는 이야기를 아이들에게 전해 주었고, 법무법인 '화인' 대표이자 본교 총동창회 부회장인 정홍식 변호사는 '간절한 꿈은 꼭 이루어진다'라는 주제로 청소년기 꿈의 소중함에 대해 따뜻한 목소리로 전해 주었다.

본교 21회 동문인 홍유진 동덕여대 교수는 '꿈 바이러스'라는 주제로 남들과 다른 꿈을 자신 있게 꾸라는 생동감 넘치는 강의를 해 주었고, 같은 기수 동문인 안효범 품질 부문 명장은 '전문 직업인과의 만남' 자리에서 전문 직업인의 세계와 피나는 노력에 대해 이야기를 전해 주었다.

고윤환 문경시장은 '고난과 역경이 영웅을 만든다'라는 주제로 청소년기의 용기를 잃지 않는 삶의 자세에 대해 일러 주었고, 문경 대승사 주지인 철산 스님은 '청소년의 꿈과 행복한 삶, 그리고 자아성찰'이라는 주제로 행복한 삶에 대해 울림이 있는 특강을 해 주었다.

않고 전달하곤 했다.

학생과 선생님, 지역 사회의 특별한 조합

선택프로그램도 직업 특강과 마찬가지로, 외부의 힘을 빌리기가 어려운 학교의 여건을 고려하여 지역 사회와 연계해서 진행할 수밖에 없었다. 먼 곳의 유능한 강사를 매주 시골로 모시기도 어려울뿐더러, 특정 과목을 전공하지 않은 일반 교사가 여러 기관들이 제공하는 지도안과 교재들을 활용해 직접 가르치기란 더없이 어려운 일이었다.

그래서 우리는 아이들이 원하는 것과 지도하는 선생님이 잘 할 수 있는 것, 그리고 학교 상황과 지역 사회 인프라를 조합해 최선의 선택을 하기로 했다. 선택의 결과, '창의적인 글쓰기', '요리 실습', '테크놀로지의 세계', '도자기와 다도' 네 개의 프로그램을 운영하게 되었다.

그런데 아무 관련이 없는 사람들의 강의보다 우리 주변에서 관련을 맺고 지내는 사람들의 이야기가 어쩌면 아이들에게는 더 마음에 와 닿고 가슴 떨리게 하는 자극제가 되었던 것 같다. 시종일관 눈빛을 반짝이며 강사의 말을 경청하는 진지한 분위기라니! 나 역시 그 길을 가겠노라고 결심을 한 듯 보이는 예리한 질문에 오히려 강사들이 당황한 기색을 보이기까지 했다.

'세상은 내 생각보다 훨씬 넓으며, 사람들은 내 상상보다 훨씬 더 다양한 삶을 살고 있다.'는 것을 우리 아이들이 서서히 깨닫기 시작한 것이다.

선택 프로그램 중 '도자기와 다도'는 본교에서 가장 역점을 둔 교육 활동이자, 문경이기 때문에 알차게 진행할 수 있는 프로그램이었다. 문경에는 조선 초 분청사기 및 백자 도요지가 많이 분포되어 있고, 문경 도자기 역시 그 형태와 색채가 아름답기로 정평이 나 있다.

심지어 문화체육관광부에서 지정한 중요무형문화재 105호 '사기장'과 고용노동부에서 지정한 기능인 최고의 영예인 도예 부문 '명장'이 세 명 있으며, 이외에도 문경의 많은 도예가들이 전통을 계승하면서 한편으로는 새롭게 창조하고 있어 신지식인으로 선정되기도 했다.

이런 특별한 환경 속에서 문경에 터를 잡은 도예가들은 대부분 대를 이어 우리 학교를 졸업했고, 지금도 일곱 명의 아이들이 학교를 다니며 가업을 잇기 위해 노력하고 있다. 그 중 한 명인 민찬이의 경우도 마찬가지. 민찬이도 어려서부터 도예 공방에서 살다시피 했으며, 아버지 직업을 물려받는 것에 대해 대단한 자부심을 갖고 있다.

이러한 아이들의 꿈과 끼를 키워 주기 위해 마련된 '도자기와 다도'반은 일주일에 두 시간씩 운영되었는데, 한 학기 동안 도자기를 만드는 과정부터 도자기로 차를 우려내는 과정까지, 다도에 대한 모든 것을 익힐 수 있도록

프로그램을 구성했다.

"어려서부터 가져왔던 도예가의 꿈을 친구들과 함께 이야기할 수 있어서 좋았고, 무엇보다 친구들과 함께 흙을 만지고 도자기를 빚는 시간이 참 즐거웠어요. 차 중에서 말차를 만드는 게 굉장히 어려운데, 이제는 '도자기와 다도'반에서 배운 실력으로 집에 오시는 손님들에게 말차를 직접 낼 수도 있게 되었어요. 아버지가 만드신 찻사발에 말차를 내면 진짜 뿌듯해요."

민찬이는 '2013 대한민국 행복 학교 박람회'에서 많은 사람들이 지켜보는 가운데 도자기도 빚고 능숙하게 차를 우려내 대접하기도 했다. 자유학기제 동안 민찬이의 얼굴이 활짝 핀 이유가 여기에 있었다.

1 수업 시간에 차를 우리는 아이들. 2 도예가를 꿈꾸는 민찬이가 도자기를 빚는 모습.

이외 세 개의 다른 선택 프로그램들도 나름대로 유익하고 의미 있는 진로 탐색 활동이었다. '창의적인 글쓰기'는 글쓰기의 기초를 다지는 것을 목표로, 스토리 보드 작성에서부터 일러스트레이션 과정까지 동화 쓰기로 꿈을 펼치는 프로그램이다. 아이들의 집중도가 상당히 높았지만, 예산 문제 때문에 안타깝게도 동화책을 출판하는 과정으로까지 이어지지 못했다.

'요리 실습'은 한식 조리의 기본 기술을 익히고 한식 요리와 서양 요리를 비교해 보면서 한국 전통 음식의 우수성을 인식하고 한국 음식을 세계화할 수 있는 방안에 대해 고민해 보는 프로그램이다. 이 과정에서 아이들은 우리 지역의 대표적인 먹거리인 사과와 오미자, 약돌 돼지와 산나물 등을 활용해서 뜻깊은 조리 실습을 해 볼 수 있었다.

'테크놀로지의 세계'는 미래 사회를 예견하면서 첨단 산업을 체험하거나, IT 기술을 우리 실생활에 접목해 보는 프로그램을 운영했다. 특히 한국산업기술진흥원에서 주관하는 기술 공작실 사업과 함께 진행해서 다양한 산업을 체험해 보았다.

각각의 선택 프로그램들은 10명 내외의 인원으로 모둠을 꾸렸다. 애초에 세웠던 계획은 하나의 프로그램이 끝날 때마다 참여하는 학생들을 새롭게 편성하는 것이었는데, 모두들 처음 선택한 프로그램에 빠져들어 한 학기 동안 반을 바꾼 학생이 거의 없다시피 했다. 오히려 시간이 지날수록 자신이 선택한 프로그램에 대한 집중도와 애정이 깊어졌다고나 할까?

넓은 세상, 다양한 직업을 만나는 방법

"자유학기제에 해당하는 1학년 학생들은 중간고사와 기말고사를 치르지 않습니다. 그 기간 동안 진로 체험 활동을 했으면 하는데, 대도시로 진로 체험을 나가려면 비용도 만만치 않을뿐더러 일주일 내내 체험할 장소를 섭외하는 것도 보통 일이 아닙니다."

중간고사 기간 4일과 기말고사 기간 3일 동안 진로 체험 활동을 기획하려니 계획 단계에서 난관에 봉착했다. 지필 고사 기간에 진로 체험 활동을 해야 하는데, 체험 시설이 잘 구축되어 있는 대도시로 나가는 것도 문제지만, 타 학년 시험 기간과 겹치는 바람에 체험 활동 인솔을 1학년 담임 선생님이 매일 전담할 수밖에 없는 상황이 벌어진 것이다.

일주일 동안 타 도시를 배경으로 진로 체험 활동 프로그램을 기획해야 하는 자유학기제 담당 선생님도, 지필 고사 기간 내내 학생들을 인솔해야 하는 1학년 담임 선생님도, 매일 버스를 타고 장거리 체험 활동을 다녀야 하는 학생들까지, 모두가 부담스러운 시간이 되어 버렸다.

"그런데 왜 꼭 비용 많이 들고, 시간 많이 걸리고, 기획하기 힘든 방향으로만 나가려 합니까? 여기도 작은 동네지만 사람 사는 곳이고, 다양한 직업들이 존재하는데 굳이 멀리까지 갈 필요가 있을까요? 우리 동네에서 직업 체험을 할 수는 없나요?"

해답은 나오지 않는데 시간은 없고, 답답한 상황 속에서 무심코 한 선생님이 불만을 터트렸다. 그 순간 주위는 찬물을 끼얹은 듯 조용해졌고, 뒤를 이어 여기저기서 탄성이 나오기 시작했다.

"아, 왜 그 생각을 못 했을까요?"

"우리 동네에서 직업 체험을 하면 우리 아이들이 더 친근하게 느낄 것이고, 그렇게 된다면 학생들도 피로감이 적겠는데요."

"학교 인근에 읍사무소도 있고, 파출소도 있고, 소방서도 있고, 병원도 있고, 있어야 할 것은 다 있으니 저마다 자신의 꿈과 끼를 살려 체험해 보고 싶은 장소에 가 보는 것도 좋겠네요."

우리 동네 인프라를 활용하자는 선생님의 한마디에 물꼬가 터져 다양한 기획안들이 나왔다. 그 자리에서 일주일 동안의 직업 체험 활동 계획이 모두 세워졌다. 심지어 체험할 장소가 하도 많아 '창의적 체험 활동' 시간과 '진로와 직업' 시간을 활용한 우리 동네 직업 체험 활동까지 순식간에 계획할 수 있었다.

우리 동네 직업 체험 활동은 학생들의 희망을 최대한 반영하여 4~5명씩 모둠을 나눠 진행하기도 했고, 학생 모두가 원하거나 진로 탐색 활동을 위해 꼭 필요하다고 여겨지는 장소에는 자유학기제 대상 학생 전체가 참가하기도 했다.

동시에 지속적인 진로 체험 활동을 지원해 줄 수 있는 기관과는 업무협약을 맺어 다음 학기를 대비하고, 상황에 따라 협조해 줄 수 있다고 답변을 한 시설에는 공문을 발송해 철저히 사전 준비를 했다.

그리하여 일주일 동안 문경제일병원 의료 체험, 문경대학교 학과 체험, 문경GC 골프 체험, 대승사 템플스테이 참가, 새재도예 도자기 체험, 관내 관공서(문경읍사무소, 문경읍파출소, 문경새재 우체국, 문경농업협동조합, 문

[1] 문경GC에서 골프를 연습하는 학생들. [2] 윤효간 스쿨 드림 콘서트 〈피아노와 이빨〉 관람 모습.

경 119 안전센터, 문경노인전문간호센터) 직업 체험, 문경시의회 의정 체험, 경북관광고등학교 비즈쿨 동아리 체험, 문경교육지원청 교육상담센터 주최 제과 제빵 체험 등 다양한 진로 체험 활동을 진행했다.

또한 매주 금요일 블록 타임으로 짜여진 '창의적 체험 활동' 시간과 '진로와 직업' 시간에는 경북관광고등학교에서 주최한 윤효간 스쿨 드림 콘서트 〈피아노와 이빨〉, 문경시민문화회관 미술 작품 전시회 〈문희전〉을 관람했으며, 문경 사과 축제와 한우 축제 등 지역 축제 탐방, 문경 도자기 전시회 관람, 인근 학교 축제 참여를 통한 문화 교류 등 다양한 진로 체험 프로그램을 진행했다.

아이들의 소감은 대부분 비슷했다. 이번 기회로 우리 부모님과 옆집 사람들의 직업 세계를 체험해 볼 수 있어 좋았고, 평소 인사하며 지내던 동네 사람들에게 뭔가를 배운다는 사실이 멋쩍기도 했지만, 그만큼 우리 동네가 더욱 정겹고 고맙게 느껴졌다고 한다.

특히 문경노인전문간호센터에서 진행한 활동은 의료 계통이나 사회

복지 쪽으로 관심이 많은 학생 중심으로 이루어졌는데, 직업 체험 활동뿐만 아니라 거동이 불편한 어르신들을 위한 봉사 활동과 한 학기 동안 동아리 활동으로 갈고 닦은 실력을 뽐낸 공연까지 어우러져 학생들이 큰 보람을 느꼈던 진로 체험이었다.

다만, 시골의 지역 사회 기관들은 업무를 맡은 인원이 많지 않아서 우리 아이들로 인해 업무에 차질을 빚는 경우가 허다했다. 이 사실을 알고 나서는 지속적으로 찾아가기가 죄송스러워 대부분의 체험이 일회성으로 끝나 버렸고, 때문에 학생들이 충분히 경험하고 고민할 수 있는 기회 자체가 줄어들었던 것이 못내 아쉬웠다.

작은 학교라서 할 수 있는 것!

"자유학기제 운영하느라 힘들지 않나요?"

"그래도 1학년이 42명밖에 되지 않아 조금 수월한 편이에요. 버스 한 대에 다 탈 수 있기 때문에 체험 활동을 하기도 편하고, 예산도 비교적 넉넉하게 쓸 수 있고요. 큰 학교는 정말 힘들겠어요."

"네, 그렇겠네요. 저희 학교는 규모가 크다 보니 체험 활동을 가기도 만만치 않고, 예산도 너무 적어 학생 부담이 있어야겠더라고요. 선생님 의견 모으기도 어렵고요."

자유학기제를 운영하는 다른 학교 선생님들과 대화를 나누면 늘 이런 식이었다. 작은 학교라 선생님 의견 모으기가 쉽고, 아이들을 데리고 체험 활동 다니기도 좋고, 게다가 예산도 넉넉하니 할 수 있는 활동을 마음껏 해 볼 수 있지 않겠느냐는 부러움이다.

아마 규모가 큰 학교의 입장에서는 전부 맞는 말일 것이다. 학생 수에 비해 많은 예산을 쓸 수 있고, 학생 수가 적으니 통솔하기 쉽고, 소수의 선생님들로 별다른 수고로움 없이 체험 학습을 다닐 수 있으니까.

문경서중학교 진로 체험 활동 4회차 계획

- 1차 전일제 맞춤형 진로 체험 활동
  - –1코스 : 경주 영산만산업주식회사, 경주 양동마을, 포항 제철소, 포스코역사관
  - –2코스 : 포항 떡체험학습관, 경주 양동마을, 포항 제철소, 포스코역사관
  - –3코스 : 양평 임실치즈체험장, 야외 농촌체험장, 황순원문학관 및 소나기 마을
  - –4코스 : 부천 애니메이션박물관, 아인스월드 세계 건축물, 테마파크
- 2차 전일제 맞춤형 진로 체험 활동
  - –1코스 : 대전 CGV, 한국전자통신연구원, 항공우주연구원
  - –2코스 : 경주 남산문화학교 및 남산 탐방
  - –3코스 : 영양 두들마을 디미방 전통음식체험관, 안동 전통문화콘텐츠박물관
  - –4코스 : 국회의사당, SBS방송아카데미 문화예술원(뷰티 아티스트, 뮤직비디오 제작)
- 3차 전일제 맞춤형 진로 체험 활동
  - –1코스 : 국립중앙과학관, 엑스포과학관
  - –2코스 : 에버랜드 동물원 사육사 체험, 호암미술관
- 4차 전일제 맞춤형 진로 체험 활동
  - –1코스 : 포항 운하, 포항함 탑승, 경북학생문화회관 뮤지컬 〈오디션〉 관람

하지만 작은 학교의 입장은 다를 수밖에 없다. 일단 아주 사소한 교육 활동이라도 학교 선생님 전체가 참여해야만 진행될 수 있기에 교사 개개인이 짊어진 부담이 크다. 또한 문화 소외 지역에서 대도시의 세련되고 현대적 감각을 지닌 교육 프로그램을 이용하려다 보면, 예산 또한 그리 넉넉한 편이 아니다.

특히 중요한 점, '학생 수가 적어 버스 한 대로 움직일 수 있다.'라는 가장 큰 장점이 자칫 잘못하다가 아이들의 다양한 요구를 무시한 획일적인 체험 활동이 되어 버리기 십상이다. 학생 중심으로 다양한 욕구를 충족시켜야 할 자유학기제의 의미가 퇴색된다고나 할까? 가장 중요한 다양성의 문제가 늘 발목을 붙잡는 것이다.

매월 마지막 주 진로 탐색 주간의 금요일, 전일제 맞춤형 진로 체험 학습 프로그램을 기획하면서도 가장 고민이 되었던 부분이 바로 다양성의 문제였다. 버스 한 대로만 움직이면 한 번에 한 장소로 갈 수밖에 없고, 그렇게 되면 아이들의 다양한 요구를 충족시키기는 어렵다. 그렇다고 예산을 무리하게 사용해서 버스를 더 빌리기는 부담스러운 일이고……. 솔직히 안타깝지만 이 문제는 어쩔 수 없는 일이라고 생각하며 포기하고 말았다.

그런데 이러한 고민을 알게 된 교장 선생님이 아무 걱정할 필요 없다며 명쾌한 해결책을 제시했다.

"이렇게 하는 건 어떨까요? 진로 탐색의 기회는 자유학기제에 해당하는 1학년뿐만 아니라 2, 3학년의 학생들에게도 필요하니까, 매월 마지막

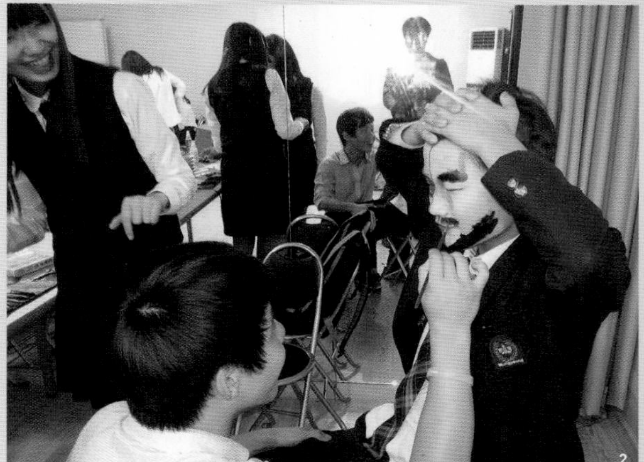

1 '치즈 만들기' 진로 체험 활동. 2 '뷰티 아티스트' 진로 체험 활동.

주 진로 탐색 주간에는 전교생 164명 모두가 진로 체험 활동을 하는 겁니다. 기존에 계획했던 소풍을 없애고, 창의적 체험 활동 시간을 적절히 조절하면 한 달에 한 번 전일제 진로 체험 활동 시간은 확보할 수 있을 거예요. 그러면 버스 4대에 아이들을 태우고 떠날 수 있는데, 그 버스 4대가 각기 다른 체험 장소로, 학년별이 아닌 희망 학생별로 나누어 타고 떠나는 겁니다. 이 방법이 어떨까요?"

학생들에게 진로 교육이 무엇보다 중요하다는 확신이 없으면, 그리고 확고한 교육 철학이 없다면 선택할 수 없는 방법이었다. 동시에 작은 학교에서 운영하기에 딱 좋은, 정말로 획기적이고 효과적인 진로 체험 활동 계획이기도 했다.

큰 그림이 그려지자 우리는 학생들의 꿈과 끼를 과학적으로 알아보기 위해 직업 적성 검사를 실시하고, 이에 따라 학생들의 진로 체험 활동 희망 수요를 조사했다. 그리고 매달 마지막 주 금요일, 네 곳의 진로 체험 장소를 선정해 전일제 진로 체험 활동을 실시하고, 체험 활동 후에는 진로 체험 보고서를 작성하도록 했다.

이러한 전일제 진로 체험 활동은 매회 버스 한 대당 두 명의 선생님이 탑승하여 학생들의 안전을 지도했고, 진로 체험과 관련된 교과 선생님이 동행하여 보다 효과적인 진로 체험과 생생한 교과 교육이 함께 맞물려 시너지 효과를 낼 수 있었다.

물론 변수도 있었다. 11월 말에는 갑자기 추워진 날씨로 인해 진로 체험 장소를 두 곳으로 압축해서 선정할 수밖에 없었고, 12월에는 고입 선발 고사와 기말고사 등으로 인해 2, 3학년들은 진로 체험 활동에 참여할 수가 없었다. 따라서 1학년만으로 구성된 12월 진로 체험은 한 가지 코스로만 진행되었다.

아이들의 꿈과 끼를 이야기하며 각자의 희망대로 진로 체험 활동을 하게 되니, 그 반응 역시 엄청났다. 이번에는 어디에 가서 무슨 체험 활동을 하고 싶다고 떳떳하게 얘기하고, 체험을 손꼽아 기다리는 아이들의 모습을 보며 '이런 교육 활동이야말로 진정으로 아이들이 원하고, 또 아이들을 위한 것이구나.' 하고 온몸으로 느낄 수 있었다.

문경 새재 너머를 꿈꾸다

어쩌면 무모한 도전이었는지도 모른다. 그토록 목매달아 왔던 평가도 없애고, 학교 교육의 기준이 되는 교육 과정도 벗어던지고, 수업 시간이면 선생님의 목소리보다 아이들의 목소리가 훨씬 더 컸던 시간이니까.

사실 2013년 1학년 2학기의 '자유학기'가 아이들에게 어떤 의미로 남아 있을지 떠올려 볼 때마다 두렵기까지 하다. 이럴 때는 차라리 맞고 틀림이 명확하게 드러나면 좋으련만, 교육이라는 건 단숨에 결과가 밝혀지는 게 아니니 답답할 수밖에 없다. 자유학기제를 경험한 많은 선생님들도 같은 고민을 하고 있으리라.

개인적으로 문경 새재를 넘지 못하고 작은 동네 속에서 꿈을 잃고 그저 의무적으로 학교만 왔다 갔다 하는 아이들에게, 자유학기제가 과연 자극제가 될 수 있을까, 하는 걱정이 한 학기 내내 가슴 한켠에 도사리고 있었다. 교육부와 시·도 교육청, 그리고 지역 교육지원청을 비롯한 수많은 교육 관련 기관들과 함께 손을 잡고 추진하면서도, 이것이 훗날 씁쓸한 교육사의 한 장면으로 웃음거리가 되어서는 안 되는데, 하는 생각에 잠을 못 이룬 날도 많았다.

하지만 변화가 보였다. 어느 순간부터 아이들은 자신의 꿈을 이야기하고 있었고, 학교 공부와 전혀 관련이 없어 보이는 정보를 찾으면서 자신의 미래를 위해 꼭 필요한 작업이라는 확신에 찬 눈빛을 보이기도 했다.

이제 문경서중에는 세상에 펼쳐진 수많은 길 중에서 자신의 끼를 살린 몇 갈래 길을 당당하게 추려 내 부끄럼 없이 얘기하며, 나아가 그 길을 가기에 자신이 아직 늦지 않았을까, 걱정하고 고민하는 모습이 따뜻하게 연출되고 있다. 문경 새재 너머의 세상을 그저 자신과 무관한 곳으로 상상하는 것이 아니라, 자신이 주인공으로 등장하는 그림을 그려 보기 시작한 것이다. 이런 아이들의 모습을 보며 나를 포함한 선생님들의 생각도 서서히 변하기 시작했다.

한 학기 동안 책임과 의무 없이 그저 놀면서 보낸 것이 아니라, 잠시 한 발 물러나 미처 발견하지 못했던 자신의 숨은 끼를 찾고, 한 번도 진지하게 고민해 보지 않았던 삶의 방향을 가늠해 본 아이들. 이 아이들은 짧지만 값진 경험을 통해, 훗날 분명 우리보다 훨씬 더 행복한 삶을 살게 될 것이다.

꿈을 꾸며 행복한 시간

:: 문경서중학교 1학년 **이○진**

처음에 도대체 자유학기제가 무엇일까, 하고 많이 궁금했었다. 들리는 소문에는 중간고사와 기말고사가 없어진다고도 했고, 수업 시간표가 바뀌어 야외 체험 학습이 많아진다고도 했다. 다양한 활동에 '진로 탐색'이라는 말이 붙는 것으로 보아 우리들의 꿈에 대한 활동들이 많아질 거라고 막연하게 추측만 했다.

막상 자유학기제가 시작되자 가장 큰 변화는 수업 방식에서 찾아왔다. 국어나 도덕, 사회 시간에 모둠별로 서로 역할을 정해 과제를 해결하고, 신문을 만들고, 서로 자료를 찾아 토론을 하기도 했다. 과학 시간과 기술·가정 시간에는 실험과 실습이 많이 늘어났는데, 그냥 선생님이 설명만 해 주시는 것보다 훨씬 더 이해가 빨랐다.

어떤 수업에는 미술 선생님과 수학 선생님이 함께 들어오시기도 하고, 같은 소재로 여러 과목을 몇 시간씩 연달아 수업하기도 했다. 처음에는 공부를 별로 하지 않는 것 같아 조금 걱정이 되기도 했지만, 이런 수업이 반복되다 보니 내가 직접 참여해서 알게 된 내용들이 생생하게 머릿속에 남아 있다는 걸 느낄 수 있었다. 의외로 '공부를 참 많이 했구나.' 하는 생각이 들 정도였다.

매월 한 번씩 대도시로 나가는 체험 학습을 통해 많은 곳을 견학할 수 있었다. 전통 떡 만들기 체험, 포항 제철소 탐방, 국회의사당 견학, SBS방송아카데미 뮤직비디오 제작 체험, 국립중앙과학관 및 엑스포 견학, 뮤지컬 〈오디션〉 관람 등 정말 다양한 곳을 둘러봤다.

내 꿈은 이화여자대학교 방송영상학과를 졸업하고 배우가 되는 것이다. 그동안 꿈만 막연하게 꾸었지, 정확히 어떤 일을 하고 어떻게 해야 배우가 되는 것인지 전혀 모르고 있었다. 그런데 SBS방송아카데미 체험이나 뮤지컬 관람 등을 통해 내 꿈을 좀 더 구체적으로 발전시켜 볼 수 있었다. 배우가 된 미래의 나를 현실적으로 바라보게 되었다고나 할까?

매번 진로 체험 활동을 갈 때마다 부모님은 두 가지 반응을 보이셨다. '또 놀러 가니?' 하는 걱정스러운 표정과 '오늘은 또 무슨 체험을 하고 와서 신나게 수다를 떨까?' 하고 기대에 찬 표정이었다.

물론 지금은 확신에 찬 목소리로 말씀하신다.

"자신의 미래에 대해 진지하게 고민하면서, 그 꿈을 실현하기 위해 열심히 공부하는 것 같아 뿌듯하구나!"

자유학기제! 다른 친구들이 공부할 때 우리는 시험도 보지 않고 체험 활동을 해서 좋았던 것이 아니다. 숨어 있던 나의 끼를 찾아내고, 나의 미래에 대해 진지하게 고민해 볼 수 있었기에 행복한 시간이었다.

Chapter 2

행복은 수업을 타고 옵니다

제주 한라중학교 | **오시열**

한라중학교는 제주특별자치도 제주시에 있는 38학급의 대규모 학교로, HALLA(Heart, Art, Love, Learning, Activity)의 열정, 감성, 인성으로 배우고 실천하며 꿈꾸는 아이들의 배움터다. 2013년에 1학년 12학급이 자유학기제를 경험했으며, 교실 수업 개선을 목표로 삼아 연구학교를 운영하고 있다. 자유학기제를 맞이하여 연구부장 선생님을 중심으로 실무를 맡은 선생님, 1학년 담임 선생님, 진로 담당 선생님이 '자기주도적 진로 탐색을 통한 행복한 미래 설계'라는 주제로 한 학기 동안 바쁘게 뛰어다녔다.

행복 수업이라고?

'행복 수업? 행복도 수업으로 가르친다고? 어떻게?'

처음 '행복 수업'이라는 말을 들었을 때 떠올렸던 생각이다. 행복 수업은 2011년 서울대학교 행복연구센터에서 중학교 학생들을 대상으로 시범 운영을 시작한 뒤, 2012년도부터 보급되고 확산되기 시작했다. 우리 학교는 자유학기제 연구학교가 되면서 행복 수업을 1학년 전체 학생 458명을 대상으로 일주일에 한 시간씩 운영하고 있다.

누구나 원하는 행복. 하지만 언제나, 어느 곳에서나 모두가 행복한 것은 아니다. 특히 우리나라 학생들의 경우 행복 지수는 심각한 수준! 각종 학업 성취도 평가에서는 세계적으로 우수한 성적을 거두고 있지만, 행복 지수는 OECD 국가 중 최하위에 머물고 있는 실정이다.

우리 학교가 자유학기제 연구학교로 지정되면서 가장 먼저 고민한 것이 바로 '이렇게 불행한 학창 시절을 보내고 있는 학생들에게 행복한 학교생활을 선사하려면 어떤 교육 과정을 운영해야 할 것인가?'였다.

그때 2학년을 대상으로 행복 수업이 진행되고 있으며, 학생들이 그 수업을 통해 행복해한다는 사실을 알고 있던 교장 선생님이 먼저 행복 수업을 제안했다. 물론 2학년을 대상으로 한 행복 수업은 모든 학생들에게 적용되는 게 아닐뿐더러, 국어 시간 중 일부를 할애해 부분적으로 진행하고 있는 실정이었다.

하지만 자유학기제의 유연한 교육 과정 속에서라면 1학년 전 학생을 대상으로 한 시간의 행복 수업을 진행할 수 있을 것만 같았다. 게다가 행복 수업이야말로 자유학기제의 취지에 딱 맞는 교육 과정이 아닌가? 긴 고민 끝에 '행복한 학교생활'을 위해서는 우선 학생들에게 행복이 무엇인지에 대해 알려 줘야 한다는 데 생각이 모아졌다.

결국 자유학기를 맞이하여 우리 학교에서는 일주일에 한 번, 한문 시간 한 시간을 행복 수업으로 진행했다. 행복 수업을 위해 여름 방학 동안 여덟 명의 선생님들이 행복 수업 연수를 받았고, 그중 한문 선생님 두 명이 1학년 행복 수업을 진행했다.

학생, 선생님, 학부모 모두가 행복해지는 수업

서울대학교 행복연구센터는 '더 나은 삶의 추구'를 목표로 행복에 관한 기초 연구 및 교육 사업을 진행하고 있는데, 그중의 하나가 행복 교과서를 통해 진행하는 행복 수업 프로그램이다. 행복 수업은 교과서 외에도, 각종 동영상 자료와 수업 자료, 지도서를 활용한다.

우리 학교에서는 교장 선생님의 추천으로, 2013년 3월부터 행복 수업

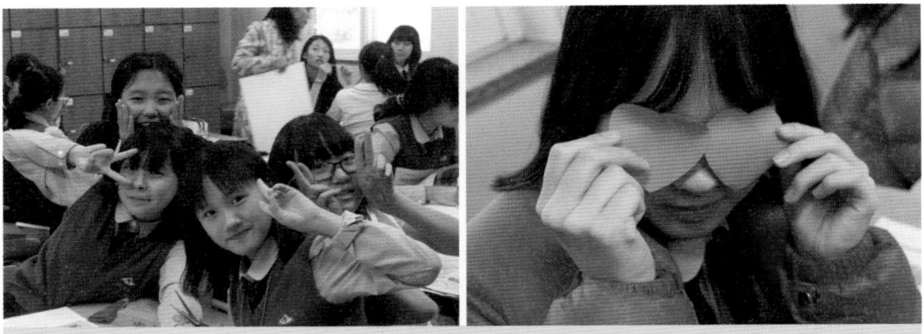

행복 수업 시간 학생들의 모습.

을 시작했다. 국어 시간을 활용해서 진행했는데 의외로 학생과 학부모의 반응이 좋았다. 학생들이 집에 가서 행복 수업에 대해 행복하게 털어놓았던 게 아닐까?

자유학기가 시작되기 전, 행복 수업을 진행하던 수석 선생님이 수업을 공개하겠다며 초대해 준 덕택에 직접 행복 수업을 참관할 수 있었다. 공개 수업 날, 수업의 주제는 '감사'였다. 차분하게 진행을 하면서 학생들과 교감하는 동안 수석 선생님의 얼굴에서 행복한 기운이 떠나지 않았다.

수업을 시작하면서 화가인 알버트 듀러가 그린 〈기도하는 손〉이라는 작품을 감상한다. 친구를 위해 기도하는 주름진 손이다. 다음으로 닉 부이치치의 사례를 담은 동영상을 시청한다. 내게 주어진 아픔과 고통이 이 세상 전부인 것처럼 힘들어하던 아이들이 아침에 걸어서 학교에 올 수 있다는 사실에 행복하다고 얘기하기 시작한다.

그리고 감사나눔신문 기자 유지미 씨의 감사 노트를 살펴본다. 감사를 만나기 전에는 '싸가지'라고 불렸던 그녀. 이제는 자신이 만나고 체험한 감사의 힘을 말하며 많은 사람들이 잊고 사는 감사의 소중함을 일깨우는 '감사 전도사'가 되었다.

그녀는 하루에 백 가지 감사 이야기를 쓰면서 내가 가진 모든 것에 대해 감사하기 시작했다. 그러자 오늘에 대해 만족하는 마음이 생겼고, 어제 나를 힘들고 초라하게 만들었던 것들도 더 이상 아무런 문제가 되지 않음을 알게 되었다. 이윽고 하루가 즐거워지기 시작했단다. 기쁜 마음으로 '오늘'에 감사하며 삶을 사랑하게 되었고, 즐거운 마음으로 '내일'을 기다리게 된 것이다.

학생들이 만든 감사 수업의 결과물.

이어서 헬렌 켈러와 오프라 윈프리의 사례를 만나고 나서, 선생님이 감사의 의미에 대해 정리를 해 주었다. 그리고 각자 감사한 일들을 생각하며 감사 노트에 감사 이야기를 세 가지씩 써 보는 활동을 했다.

마지막으로 학생들의 생각을 발표하는 시간.

"우리 엄마가 옆에 계시는 것만으로도 감사합니다."

"학교 오는 길, 아름다운 풍경을 볼 수 있어

서 감사합니다."

"맛있는 급식을 먹게 해 주셔서 감사합니다."

"친구랑 다퉜는데 먼저 사과해야겠어요. 친구가 있어서 감사합니다."

"아침에 듣는 엄마의 잔소리가 정말 싫었는데, 엄마의 잔소리 덕에 지각하지 않을 수 있었어요. 감사합니다."

이상하게 수업을 마무리할 즈음이 되자 내 가슴이 뭉클했다. 어느새 참관을 하던 내게도 감사의 기운이 전해진 모양이다.

처음 행복 수업을 시작하자는 얘기가 나왔을 때 어떤 과목을 행복 수업으로 운영할지 많은 고민을 해야 했다. 고민과 논의 끝에 한문 수업 시간을 이용해 행복 수업을 하기로 결정이 되자, 바로 행복 수업 교사 연수를 신청했다.

사실 행복 수업을 진행하는 선생님의 이해와 동의가 없으면 행복 수업은 일반 수업보다 더 불편한 시간이 되고 만다. 담당 선생님이 행복한 상태에서 수업이 진행되어야 진정한 행복이 무엇인지 전할 수 있기 때문이다.

2013년 1학기에 2학년을 대상으로 진행된 행복 수업을 학부모들이 좋아했기 때문에, 자유학기제를 맞아 1학년을 대상으로 행복 수업을 진행한다고 했을 때 반대하는 학부모는 거의 없었다. 오히려 자녀들이 즐거워하는 모습을 보면서 상당히 긍정적인 반응을 보였다.

1학년 2반 30번 이은지

Thanks Card ♡

To. 이름모를 그 아줌마

아줌마 저 기억하시죠ㅋㅋ 그때 도서관에서
손에, 팔에 책을 많이 들고있었던 학생이
에요 ㅎㅎ 그때 절 보고 문을 열고
기다려주셔서 정말 감사해요. 그때
아줌마가 안계셨다면 전 책을 쏟아 망
신을 당했을거에요.
그때 감사하다고 말 못드렸었는데 진짜 속
으로 굉장히 감사했던지 아시죠?
다음엔 제가 도움이되고 싶네요ㅋㅋ 감사합니당.

From. 은지가 ㅎㅎ

↑사소한일에감사하기.

1-2 조수빈

Thanks Card ♡

♡ 생활하면서 작지만 소중했던 감사한 일 ♡

① 학습물을 잘못 했을때 종이를 새로 가져다주신 한문선생님
② 실수로 떨어트린 물건을 주워 가져다준 사람들
③ 가방 열렸을 때 말해준 친구들
④ 나에게 꾸준히? 자주? 수정테이프를 빌려주는 유리, 별하
⑤ 내가 고민있을 때 가장 기댈 수 있는 우리 엄마, 아빠
⑥ 우리반을 위해 열심히 이끌어주는 진선, 나경

모두모두 감사하고 사랑합니다♡

학생들이 행복 수업 시간에 작성한 감사 카드.

행복한 수업을 위한 몇 가지 조건

행복 수업을 진행하기 위해서는 반드시 15시간의 연수를 받아야 한다. 방학 중에 개설되는 행복 수업 교사 연수 프로그램은 행복 심리학 강의, 행복 수업 실습 워크숍, 사례 발표 및 패널 토의로 이루어진다. 이론과 실습, 사례로 구성되는 기초 연수는 반드시 받아야 하고, 교사의 행복 충전 및 수업 역량 강화를 목적으로 하는 심화 연수도 수업을 진행하면서 함께 받을 수 있다면 금상첨화다.

심화 연수는 고급 인문학 강의와 행복 교과서 진도에 맞춘 행복 수업 실습으로 진행된다. 행복을 위해 모인 선생님들을 통해 행복한 기운을 얻을 수 있을 뿐 아니라, 수업 중의 어려운 상황과 이를 극복할 수 있는 노하우를 공유할 수 있는 좋은 기회이기도 하다.

하지만 자유학기제가 시행된다고 억지로 행복 수업을 떠맡기게 되면 성공하기 힘들다. 선생님이 원하지 않는데 행복 수업을 진행하면 기가 막히게도 학생들이 먼저 그 느낌을 알아채기 때문이다.

동시에 수업에 대한 연구가 필요하다. 내면의 이야기를 솔직하게 끌어내기 위해선 동기 부여가 되어야 하고, 자연스러운 분위기로 이끌어 갈 수 있어야 한다. 또 선생님이 먼저 판단하지 않고 기다릴 줄 아는 방법이 무엇보다 중요하다. 수업을 통해 행복이 내면화되기 위해서는 시간이 필요하기 때문이다. 설령 변화가 더디더라도 기다려 줄 수 있어야 한다.

행복 수업은 학생들에게 진정한 행복이 무엇인가를 가르쳐 주고 연습시키는 수업이기도 하지만, 선생님이 함께 행복을 배우며 성장해 가는 수업이기도 하다.

행복 수업 시간에 사용한 행복 교과서는 여건에 따라 재구성해서 활용할 수 있다. 행복 수업 자료들 중에는 감동적인 동영상과 다양하고 재미

여기서 잠깐!

행복 수업, 저는 이랬어요!

시험에 치여 살았던 1학기와 달리, 2학기에는 자유학기제 덕에 시험도 안 보고 행복해지는 법을 배우는 행복 수업도 들을 수 있었다. 특히 서로의 장점을 써 주는 활동이 기억에 남는다. 아이들의 장점이 쓰인 종이를 꺼내서 선생님이 읽어 주시면 모둠별로 그 장점에 해당하는 친구를 찾는 게임이었다. 이 게임을 통해 별로 친하지 않은 친구의 장점을 알게 되어 좋았다. 또 미처 알지 못했던 나의 장점도 알게 되었다.
행복 수업을 통해 얻은 게 굉장히 많다. TV, 잡지 등에서는 '행복한 것이 진짜 삶'이라고 번지르르하게 말한다. 누가 그걸 모를까? 어느 곳에서도, 그 누구도, 행복해지는 방법을 알려 주지 않았기 때문에 행복할 수 없었던 것이다. 그렇기 때문에 행복해지는 법을 배우는 행복 수업은 꼭 필요하다! 나 역시 행복 수업 시간만 되면 생기가 넘친다. 이건, 진짜 행복한 수업이 아닐까? _1학년 8반 김○혜

자유학기제를 시작하면서 가장 인상 깊었던 수업이 바로 행복 수업이다. 행복 수업을 할 거라고 선생님께서 말씀하셨지만, 너무 낯설었기 때문이었을까? 큰 기대가 되지는 않았다.
그런데 행복 수업을 받을 때마다 가슴이 따뜻해지곤 했다. 수업을 받으면서 가장 인상 깊었던 주제는 바로 '감사하기'였다. 오프라 윈프리의 동영상을 보고 내게 있는 것들이 정말 소중하다는 사실을 알게 되었고, 감사하는 것이 진정한 행복이라는 생각을 하게 되었다. 이후로 선생님께서 나눠 주신 감사 노트를 매일 작성하는 습관이 생겼다. 감사할 줄 알게 된 것에 정말 감사한다! _1학년 6반 강○주

행복한 순간을 담은 학생들의 활동 결과물.

있는 활동지들이 많다. 이런 자료들은 행복 수업뿐만 아니라 다른 수업 시간에도 유용하게 사용할 수 있다.

자유학기제 기간 동안 행복 수업을 시행하면 동반 상승효과를 기대할 수 있다. 탄력적인 교육 과정 덕택에 행복 수업을 운영하기가 쉽고, 학생 참여가 용이한 행복 수업을 통해 교실 수업의 개선이 이루어지며, 자신을 돌아보는 과정을 기회로 삼아 스스로 진로를 설계할 수 있는 기초 체력이 마련되기 때문이다.

'행복'에 정답은 없다. 각자 만족감이 다르니까. 하지만 행복 수업이 진행되면서 학생들이 점차 변하기 시작하는 걸 느낄 수 있었다. 아이들은 행복 수업 시간에 진행하는 여러 활동에 참여하면서, 지금까지 잊고 있었던 가족 관계를 돌아보는 시간이 늘어났다고 한다. 아이들은 그 무엇보다도 가족 여행을 다녀왔던 일, 가족과 웃고 떠들었던 일을 가장 행복한 순간으로 기억하고 있었다. 행복 수업이 가족 간의 잊고 있었던 사랑을 확인하는 과정이 되고 있다는 사실에 무엇보다도 뿌듯했다.

여기서 잠깐!

나를 달라지게 만든 수업 _ 한라중학교 교사 고금이

"야호, 신난다!"

학생들의 환호성이 하늘을 찌를 듯하다. 행복 수업을 진행한다는 내 말에 대한 아이들의 대답이다. 물론 행복 수업이 어떤 것인지 학생들은 알 턱이 없다. 그러니 단지 일주일에 한 번 있던 한문 수업을 하지 않는다는 것에 대한 절절한 기쁨이리라.

여름 방학 동안 서울대학교에서 1박 2일로 진행하는 행복 수업 기초 연수를 받았다. 행복 수업을 시작하기 전, 막막하기도 했지만 학생들이 노는 시간으로 생각하지는 않을까 걱정이 되었다. 아니, 사실 나 자신부터 행복한지 의문을 가진 채 학생들 앞에 선다는 게 부담스러웠다고나 할까?

하지만 막상 수업이 시작되고 나서 학생들과 행복에 대해 토론하고 이야기를 나누게 되자, 내가 학생들의 생각 혹은 학생들의 이야기를 잘 들어 본 적이 있었는지 잠시 반성을 하게 되었다. 학생들은 행복 수업 자체가 행복이라고 한다. 일단 한문하고는 전혀 다른 방식으로 접근할 뿐 아니라, 지루한 교과에서 벗어난다는 즐거움 때문일 것이다.

물론 모든 수업이 만족스럽게 진행된 것은 아니었다. 산만하게 떠들어 대는 남학생들 반에서는 상당히 난감할 때도 있었다. 일주일에 겨우 한 번 있는 수업이지만 어떻게 학생들에게 행복해지는 연습을 시킬까 많은 고민이 되었다.

집에서 설거지를 하는 도중 문득 '행복 골든벨' 게임이 떠올랐다. 그래서 행복 수업 한 시간 동안 친구들의 장점 리스트를 쓰게 했다. 의외로 친구들의 장점을 많이 적었고, 또 친구들이 자신에 대해 어떤 장점을 써 주었는지 굉장히 궁금해 했다.

다음 시간에 모둠별로 장점이 적힌 종이를 뽑아 누구인지 맞추는 '행복 골든벨'을 진행했다. 정작 뽑힌 친구가 자신이 생각했던 사람이 아닐 경우에 웃고 떠들며 재미있어 했다. 수업이 상당히 생동감 있게 진행되었고, 남과 비교하지 않으면서 자신의 장점에 대해 생각해 볼 수 있어 의미도 남달랐다.

제일 보람을 느낀 수업은 '감사하기' 단원. 친구들에게 감사 카드를 쓰게 하자, 어떤 학생은 감사 카드를 더 달라고 하면서 여러 장 정성스레 작성했다. 그 모습을 보자 그동안의 고생이 싹 사라지는 느낌이었다.

행복 수업은 나 자신과 내 수업을 돌아보면서, 동시에 학생들의 마음을 들여다볼 수 있었던 '행복한' 기회였다.

이런 일도 있어요!

부모가 달라졌어요!

:: 한라중학교 1학년 학부모 **김인숙**

지난해 봄, 아들내미가 초등학교를 졸업하고 중학교에 입학하면서 본격적으로 공부시켜 보겠다는 욕심이 생겼다. 그래서 여러 학원에 대한 정보를 알아보던 중, 아들이 다니는 학교에서 2학기부터 자유학기제 연구학교를 운영하게 되었다는 소식을 들었다.

아이들은 중간고사와 기말고사가 없어진다고 환호성이었지만, 정작 부모들은 아이들이 학업을 소홀히 할까 봐 걱정이 앞서 받아들이기 쉽지 않았다. 일부 학부모들은 직접 학교를 찾아가 항의를 할 정도였다.

그런데 2학기가 되어 아들이 다니는 학교에 자유학기제가 도입되자 변화의 바람이 불었다. 수업은 강의식에서 학생 활동 중심으로 바뀌었고, 동아리 활동과 진로 탐색을 위한 다양한 체험 활동이 운영되었다.

하지만 무엇보다 큰 변화는 아들에게서 시작되었다. 어느새 시간이 흘러 2학기도 반쯤 지난 무렵, 아들이 연신 뜬금없는 질문을 던져 댔다.

"엄마! 내가 무슨 일을 하면 잘 할 것 같아?"

"엄마! 어떻게 공부를 하면 내가 잘 하는 일을 찾을 수 있을까?"

이러한 질문을 받고서야 아들이 자신을 이해하기 위해 노력하고 있다는 사실을 알게 되었다. 더 이상 부모가 공부하라고 해서 마지못해 공부를 하는 소극적인 자세가 아니라 '내가 어떻게 공부를 해야 하고 싶은 일을 할 수 있을까?' 하는 고민을 시작한 것이다.

2학기가 시작되기 전에 내 속을 끓게 만들던 걱정은 아무 근거가 없는 걱정이었음을 알 수 있었다. 가만히 생각해 보니, 변한 건 아들뿐만이 아니었다. 나 또한 앞만 보고 달리는 학부모에서, 멀리 보고 아이의 꿈을 응원해 주는 진정한 부모로 거듭날 수 있게 되었던 것이다.

예전에는 토요일에 아이가 놀러 나가면 다른 아이한테 바로 뒤처지기라도 하는 양 불안해했는데, 지금은 자신 있게 토요일 학원 스케줄을 다 취소해 버리고 동아리 활동이나 운동을 권유한다.

운동장에서 친구들과 함성을 지르며 맘껏 축구도 하고, 스스로 원하는 여러 활동을 통해 자신감도 기르고, 무엇이든지 아이 자신이 스스로 행복해 할 수 있는 꿈을 향해 노력하는 걸 응원하게 된 것이다.

자유학기제는 뜻밖의 선물이다. 여러 학부모들에게 강조하고 싶다. 자유학기제는 우리 아이들의 꿈을 진심으로 응원하게 되는 첫걸음이면서, 동시에 부모까지 달라지게 만드는 소중한 기회라는 사실을.

Chapter 3

아이들의 꿈을 먹고 자라는 도시

강원 함태중학교 | **염혜현**

함태중학교는 강원도 태백시 폐광 지역에 있는 11학급의 중소 규모 학교이다. 2012년부터 강원도형 혁신 학교인 '행복 더하기 학교' 운영을 통해 수업 방법 개선을 위한 선생님들의 수업 연구가 활발하게 진행되고 있다. 2013년 자유학기제를 맞아 수업 혁신을 더욱 깊이 있게 진행하였고, 학생 활동 중심의 진로, 자율 과정 및 예술 동아리 활동이 운영되고 있다. 자유학기제를 시작하며 진로 담당 선생님 5명과 10과목 선생님으로 이루어진 15명의 운영팀을 꾸려, 한 학기 동안 행복한 함태인의 꿈과 끼를 키우기 위해 뛰어다녔다.

우리 아이들의 고향은 애환의 도시, 폐광촌

땅도 하늘도 모두 검정색이었다. 집들은 낡고 넝마 같았다. 검은 바람이 불고, 검은 탄 비가 내리고, 검은 냇물이 흐르는 고장. 그곳 아이들은 그림을 그리면 냇물도 검게 칠했다. 흰옷을 입을 수 없었다. 그곳에서 볼 수 있는 흰

> 것은 눈밖에 없었다. ……검은 땅에서 하얀 눈을 그리워하던 그들, 석탄 막장에서 숨져 간 검은 넋이 눈꽃으로 피는 것은 아닌가, 하고 생각할 때가 있었다.
>
> — 안숙, 《검은 넋 눈꽃으로 피는가》 중에서

함백산과 태백산의 큰 줄기 중간쯤에 자리 잡은 함태중학교. 밝고 순한 우리 아이들의 고향은 태백이다. 우리 아이들이 막 태어났을 무렵인 15년여 전에 이미 태백에서는 석탄 산업이 사양길로 접어들었다. 한때는 경제 발전의 주역인 산업 도시로 화려하게 부상해 '돈'과 '사람'으로 넘쳐났건만, 모든 것은 이제 그저 추억에 지나지 않는다.

지금의 태백은 경제 발전의 주인공 자리를 내어준 지 이미 오래된 데다, 산업화가 빚은 유랑민들만이 하릴없이 몰려왔다 쓸려 나가는 퇴락한 도시로 변모했다. 다 타 버리고 재만 남은 석탄처럼 흔적도 없이 시나브로 사라져 버릴 도시로 하루하루 변해 가고 있다.

게다가 태백 탄광촌에 대한 외부의 시선은 지나치게 반문화적이다. 언론이나 영화, TV 드라마에서는 폐광촌이 대낮에도 술주정뱅이가 득실거리고, 깡패나 도둑, 전과자 같은 부랑아들이 모여 사는 곳쯤으로 심심찮게 그려진다.

이런 탓에 지역 사회는 부정적인 이미지를 벗고 새로운 모습으로 거듭나기 위해 엄청난 노력을 기울여야만 했다. 그러한 노력의 결과로, 마침내 옛 탄광 터에 카지노가 개장을 하면서 폐광촌에 새로운 시대가 열리기 시작했다.

그러나 외부에서 바라보는 태백에 대한 시선은 여전히 곱지 않다. 폐광촌에서 도박과 유흥의 도시로 얼굴을 바꾸었을 뿐. 이렇게 숱한 격랑의 시간을 보낸 도시에서 우리 아이들은 날마다 자라고 배우고 있다.

진로 체험? 우리 지역에서는 안 돼요!

"선생님, 자유학기제 하면 진로 체험을 많이 다니나요? 우리 아이들, 서울 좀 많이 데려가 주세요."

"직업 체험시킨다고 태백에서는 탄광 체험만 하고 그러는 거 아니죠? 탄광 체험은 절대 안 돼요. 가까운 도시로 나가서 체험하고 와야 아이들이 뭘 보고 배울 게 있죠."

1학년 2학기 자유학기제 학부모 설명회 날, 강당을 가득 채운 학부모들은 하나같이 우리 아이들이 큰 도시로 나가 많은 것을 보고 듣고 배우고 돌아올 수 있게 해 달라고 부탁했다.

이런 이유로 자유학기제가 시작되면서 우리가 맞닥트렸던 가장 큰 고민은 학생들의 관심과 흥미를 불러일으킬 수 있는 체험이나 참여형 프로그램의 운영을 어떻게, 어디에서 시작하느

나는 점이었다. 학교마다 처한 상황과 입장이 다 다르겠지만, 학생들이 직접 체험할 수 있는 프로그램들은 대개 수도권에 집중되어 있어서, 수도권에서 한참 떨어져 있는 우리 학교로서는 고민의 깊이가 더할 수밖에 없었다.

자유학기제를 시행한다고 했을 때, 학부모들의 관심사는 오직 두 가지였다. 하나는 "시험을 안 보면 우리 아이들만 성적이 떨어지지 않겠느냐?"와 "진로 직업 체험을 많이 한다는데 우리가 사는 태백 안에서 과연 아이들이 보고 배울 곳이 있을까?" 하는 것이었다.

그러다 보니 우리가 사는 태백에서 무언가를 찾기보다는, 어떻게 하면 우리 아이들이 이 지역을 '벗어나서' 많은 것을 보고 듣고 배우게 할 수 있을까, 하는 쪽으로 고민의 방향이 바뀌었다. 진로 체험 교육 과정을 계획하는 선생님들의 마음은 걱정 반 미안함 반으로 가득한 채, 그 어느 해보다 뜨거운 여름을 보내야 했다.

지역 사회 '안'에 있는 학교

아이들의 배움은 학교 안에서만 이루어지는 것이 아니다. 오히려 학교 담장 너머 곳곳에서 이루어진다고 해도 과언이 아니다. 또한 모든 학교는 나름의 특수성을 지니고 있다. 농촌과 도시라는 지역적 배경, 자연 환경, 경제적 여건, 전통 등 학교마다 처한 조건이 다르기 때문이다.

그래서 학교 밖의 교육 영역을 구체적으로 파악하고 학교 안으로 끌어

들이는 작업이 진로 프로그램 구성의 첫걸음이 되었다. 선생님들은 자유학기제에 대한 아이디어가 떠오를 때마다 수시로 교무실에서, 진로 상담실에서, 때로는 복도와 교실에서 이야기를 나눴다. 그만큼 자유학기제를 준비하는 1학기에 선생님들의 마음이 다급했기 때문이다. 1학기 말이 되어 2학기 진로 체험을 위한 협의회가 열렸다. 드디어 그동안의 아이디어들을 모은 열띤 토론이 시작되었다.

"자유학기제는 이번에 시작하는 거니까 거창한 계획을 세우려고 진땀 빼지 말고 전일제 체험 두 번만 하면 되지 않을까요? 서울에 한 번 갔다 오고, 원주 직업 박람회 한 번 다녀오면 거뜬히 때울 수 있죠."

동아리, 예체능 선택프로그램 등 자유학기제 자율 과정 전체를 맡은 담당 선생님은 마음의 부담이 컸던지 진로 체험은 간단하게 진행하자는 의견을 내놓았다. 하지만 진로 담당 선생님은 지역 안에서의 직업 체험에 대해 내내 고민했던 만큼 깊이 있는 질문을 던졌다.

"그래도 우리가 사는 지역 안에서 할 수 있는 일들을 먼저 찾아보는 게 어떨까요? 학부모님들 중에 강원랜드에서 일하시는 분들도 많은데 하시는 일은 다 다르시더라고요. 하나하나 찾아보면 수십 가지 이상의 직업들이 숨어 있을 것 같아요."

자유학기제 연구학교를 처음 시행하는 곳은 어디나 그랬을 테지만, 2학기를 앞둔 여름 방학은 눈코 뜰 새 없이 바쁘기만 할 뿐 뚜렷하게 손에 잡히는 게 없었다. 사실 진로 담당 선생님이 책임지고 기초적인 계획이라도 세워 주길 은근슬쩍 바라는 마음도 있었다. 하도 막막해서 이것저것 다 팽개치고 도망치고 싶은 마음이 들기도 했다.

자유학기제 TF팀 구성

자유학기제가 1학년 2학기를 대상으로 운영되다 보니, 자유학기제 운영팀은 주로 1학년 담당 선생님으로 조직되었다. 그래서 교무부장, 자유학기제 실무 담당 선생님, 1학년 담임 선생님 4명, 1학년 교과 선생님 7명, 진로 수업 담당 선생님 4명이 자유학기제 TF팀이 되었다. 진로 과목은 기본 교과에서 시수가 감축된 창체, 체육, 기술·가정 교과 선생님이 담당했고, 1학년 담임을 맡으면서 교과를 함께 가르치는 선생님이 있었기 때문에 실제 인원은 12명이었다. 12명의 인원을 기획 분과, 교과 수업 운영 분과, 진로 분과로 조직하여 행복한 자유학기제를 위해 각자의 자리에서 한 학기 동안 열심히 노력했다.

그러다 보니 어느 누구도 주체적으로 움직이지 못했다. 서울과 같은 대도시를 방문하는 걸로 전일제 체험 두 번을 대충 때우자는 얘기가 나온 것도 그 때문이었다. 지금 생각해 보면 조금 부끄럽기도 하지만, 새로운 세계를 개척한다는 것은 남모를 고민과 걱정으로 몇 날 밤을 지새워도 모자랄 만큼 어렵고 고단한 일이다.

선생님들의 의견이 몹시 분분했다. 그럼에도 불구하고 다시 머리를 맞대고 아이들을 위해서 가장 좋은 방법은 무엇일지 논의했다. 그리하여 우리 아이들이 직접 체험을 해 보면서 자신의 흥미와 소질을 발견하도록 하는 것이 좋겠다는 쪽으로 의견을 모았다. 그것이야말로 자유학기제의 취지와 맞을뿐더러, 노력과 투자를 감안했을 때 가장 효과적이라는 판단이 들었기 때문이다.

방향이 정해지자 선생님들의 얼굴에도 열의가 떠올랐다. 여러 차례의 논의 끝에 태백을 '벗어나서'가 아니라, '우리 지역의 특색'을 활용한 진로 체험 프로그램을 구체적으로 짜 보기로 했다.

한 학기 동안 내 꿈을 찾아 Step by Step

언제까지 지방 소도시의 열악하고 부족한 교육 여건만 탓하고 있을 수는 없었다. 올해는 자유학기제 첫 해이니만큼, 온전히 구축되지 않은 지역 인프라에 의존하기보다는 교육 과정 내 진로 수업 시간을 내실 있게 활용하자는 의견이 대다수였다.

그래서 자율 과정인 월, 화의 진로 탐색 수업에 4시간을 배치하여, 직업 세계의 다양함을 이해하고 자기 주도적으로 직업 세계를 탐색할 수 있도록 활동 중심 수업을 3단계로 구성했다. 이것은 의외로 전일제 체험의 효과를 극대화하면서 인프라 부족을 메울 수 있는 좋은 기회가 되었다.

Step 1. 꿈이 닮은 우리, 함께 모이자!

첫 번째는 비슷한 적성군의 학생들끼리 모둠을 구성하여 진로와 직업에 관한 다양한 프로젝트를 수행하는 단계였다. 자유학기가 시작되면서 새롭게 '진로' 과목을 운영했는데, 한 학기 동안 진로 수업을 받은 아이들의 만족도와 효과는 기대 이상이었다.

오리엔테이션과 함께 시작한 진로 수업의 첫 과제는 직업 흥미 검사 등을 통해 자신의 적성 및 흥미를 점검한 후, 비슷한 적성을 지닌 학생들끼리 모둠을 구성하는 일이었다.

직업 흥미 검사는 아이들에게 객관적인 '나'를 알려 주는 검사여서 그런지 호응도와 집중도가 매우 높았다. 이전에 시행했던 지능 검사나 행복지수 검사와는 달리, 객관적 지표로 자신과 어울리는 직업을 알려 주는 검사라서 아이들의 모습이 꽤나 진지해 보였다.

그런데 이게 웬걸? 평소에 전교 1등을 놓치지 않던 꼼꼼쟁이 선아가 직업 흥미 검사 후 교무실로 찾아와 울먹이며 하소연을 했다.

"선생님, 제 꿈은 소아과 의사인데요. 직업 흥미 검사에서는 환경 설비 기술자를, 직업 적성 검사에서는 판사를 하래요. 저는요, 판사도 멋지긴

하지만 제 성격과 안 맞을 것 같아요. 어린아이들을 좋아하고 의료 봉사도 하고 싶어서 소아과 의사를 목표로 공부하고 있는데……. 검사 결과가 제 꿈과 너무 다르게 나와서 속상해요."

자신이 하고 싶은 일과 직업 검사 결과가 맞지 않아 속상한 나머지, 하고 싶은 일이 무엇인지 갈피를 잡기가 더 힘들어졌다는 얘기였다. 중학교 1학년짜리 아이 앞에 놓인 '직업 적성 검사 결과표'가 마치 취업 통지서같이 보였나 보다.

이런 오해를 막기 위해 직업 검사 결과를 아이들에게 알려 줄 때 검사가 자신의 적성을 완벽히 분석한 '결과'가 아니라, 단지 자신에 대해 조금 더 잘 알 수 있는 '도움 자료'라는 점을 충분히 설명해야 했다.

또 직업 검사 결과에 대한 선생님의 구체적인 설명도 필수적이었다. 검사 결과 발표 날 1학년 2반의 익살꾼인 희성이는 기대를 저버리지 않고 반 아이들에게 큰 웃음을 선사해 주었다.

"샘! 저는 직업 적성이 농업이래요! 말도 안 돼요~!"

희성이는 자신의 꿈은 농부가 아니라며 결과를 한사코 거부(?)했지만, 반 친구들은 항상 체육복 바지만을 고집하며 넉넉한 웃음으로 친구들에게 인심을 베푸는 희성이와 아주 잘 어울린다며 웃음을 터뜨렸다.

"얘들아, 농어업 관련 직업은 자연 친화력이 좋고 신체 운동 능력이 뛰어난 사람과 잘 어울리는 직종이야. 농사 이외에도 여행, 산행, 애완동물 기르기, 식물 기르기 등 취미 생활과도 관련이 깊지. 수의사, 원예 기술사, 조경사, 그리고 요즘 유망 직종으로 떠오르고 있는 환경 컨설턴트도 이 진로 수업 시간에 작성한 결과물.

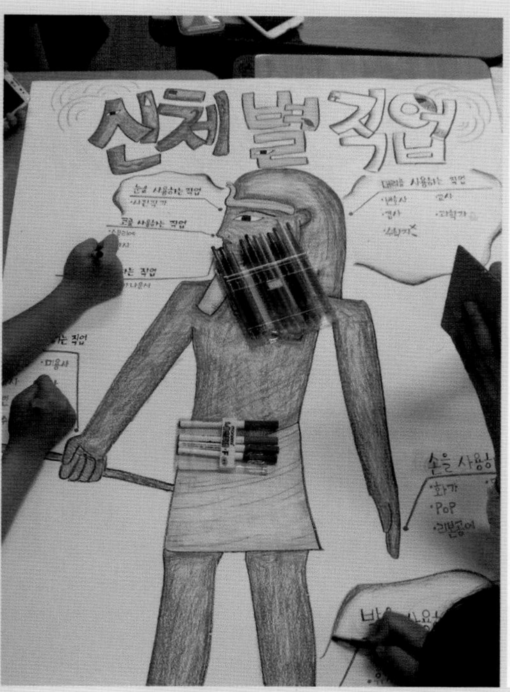

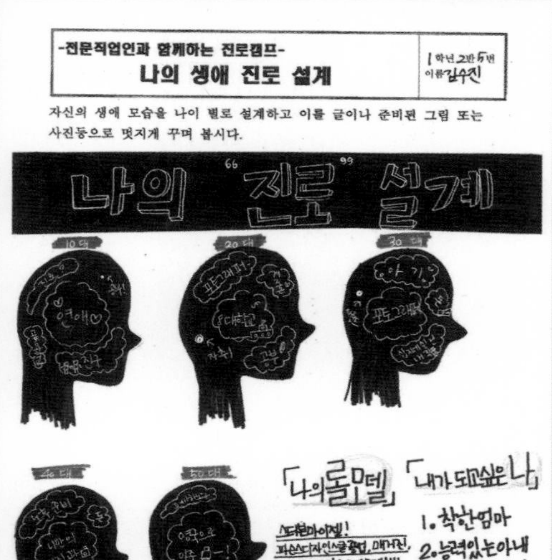

분야에 속한단다."

진로 선생님의 자세한 설명이 이어지자 농사꾼 희성이에 대한 반 친구들의 웃음도 자연스럽게 잦아들었다.

이렇게 시작한 직업 검사 결과를 토대로 아이들은 같은 직업군끼리 모둠을 지어 한 학기 동안 진로 연계 프로젝트를 수행했다. 다양한 프로젝트 중 아이들이 가장 흥미로워했던 수업은 '직업 홍보하기'와 '직업인 메이킹 북'이었다.

'직업 홍보하기'는 같은 직업군에 속하는 친구들끼리 성격이나 특성의 같은 점과 다른 점을 이야기해 보고, 직업군별로 직업 정보를 수집하여 4절 홍보지에 자신이 속한 직업군을 홍보해 보는 등의 활동이었다. 이를 통해 평소 자신이 갖고 있던 직업이나 진로에 대한 생각을 비교하고, 같은 모둠 친구들끼리 공통점을 살펴보며 자신을 알아 가는 시간이 되었다.

직업인 메이킹 북은 평소 주목하던 성공한 직업인이나 평소 자신이 멘토라고 생각하던 직업인을 정하여 조사해 보고, 직업인의 자서전이나 홍보 책자를 만드는 활동이었다. 이런 여러 가지 활동과 결과물 전시를 통해 직업 세계에 대한 탐구와 이해의 폭이 점점 넓어질 수 있었다.

Step 2. 롤 모델, 만나고 싶었어요!

두 번째 단계는 첫 번째 단계에서 구성된 모둠별로 직업인을 직접 만나 보는 체험이었다. 이 프로그램을 진행하기 위해 '전문 직업인 초청의 날'을 따로 정해서 운영했다.

전문 직업인 초청 행사가 성공하기 위한 관건은 역시 얼마나 다양한 직업인을 선정하고 초청할 수 있는가 하는 점이었다. 아이들의 관심 직업군은 가수, 배우부터 의사나 법조인까지 한정지을 수 없이 다양한 영역이었기에, 가까운 지역 내에서 전문 직업인을 선정하고 섭외하는 건 녹록지 않은 일이었다.

관공서에 직접 전화를 걸어 직업인을 섭외하는 걸 시작으로, 교장 선생님의 제자 인맥까지 활용하여 최대한 많은 직업군을 초청하기 위해 끊임없이 좌충우돌했다.

그 결과, 15개 직업인—회계사, 의사, 수의사, 스포츠 센터 운영자, 전기전자 모터 설비사, 고랭지 배추 농업인, 정유에너지 산업인, 반도체 재료공학 관련직, 조리사, 간호사, 경찰, 소방관, 태백역 철도원, 리더십 강사, 미용사—을 초청할 수 있었다.

강의를 듣는 방식은 진로 수업 시간에 검사한 자신의 흥미, 적성 직업군과 관련된 직업인의 강의를 먼저 선택해 들을 수 있게 하고, 이외의 직업인은 두 시간의 강의 시간을 따로 편성하여 학생들이 원하는 직업인을 직접 만나 볼 수 있게 구성했다.

또한 직접 학교로 초대하지 못한 직업인에 대해서는 아이들의 수요를 채워 주기 위해서 '부모님과 함께하는 직업 체험', '직업인 인터뷰' 등을 수행하여 간접적으로 직업군을 탐색해 볼 수 있게 했다. 주로 친구 부모님의 직장을 방문하거나, 모둠을 이루어 직업인 인터뷰 활동을 하고, 보고서를 작성한 후 수업 시간에 소감을 발표하는 방식으로 진행되었다.

하지만 단순히 하루 체험으로 그치지 않고 진정한 진로 탐색이 될 수 있도록 하기 위해서는, 아이들에게 직업 체험을 하며 느낀 생각의 변화를 정리하는 과정이 반드시 필요하다는 생각이 들었다.

이를 위해 직업 체험 보고서에 직업 체험 활동뿐만 아니라 직업인에

여기서 잠깐!

직업 체험을 다녀와서 : 미용실 체험 _1학년 심○용

용돈을 받으러 갈 때만 들렀던 엄마의 미용실에 우리 반 친구인 기호와 정현, 도언, 경화 등 네 명과 함께 체험 활동을 하러 갔다. 학교에 가지 않아도 된다는 말에 자율 직업 체험의 날을 신청했지만, 막상 엄마 가게에 친구들을 데려가려니 살짝 창피한 마음이 들기도 했다.

우리가 미용실에 도착해서 가장 먼저 한 일은 미용실 바닥에 있는 머리카락 쓸기였다. 그다음에 선우를 시작으로 마네킹의 가짜 머리카락으로 파마하는 법을 배웠다. 막상 엄마가 친구들에게 무언가를 가르쳐 주는 모습을 보니까 이상하면서도 뿌듯한 마음이 들었다.

마지막에 엄마와 직업인 인터뷰를 했다. 엄마는 미용사란 사람의 머리카락을 잘라 주고 만져 주는 직업이지만, 결국 사람의 마음을 만져 주는 일이기도 하다고 말씀하셨다. (와우, 우리 엄마가 말을 이렇게 멋있게 할 줄이야!) 손님이 머리를 마음에 들어 하면서 "또 올게요." 하고 인사를 할 때 가장 보람을 느낀단다.

평소에 미용실에서 일하는 엄마를 보면서 '좀 더 멋있고 폼 나는 직업을 가지셨으면 얼마나 좋을까?' 하는 생각을 하곤 했는데, 막상 엄마가 보람과 행복을 느끼는 모습을 내 눈으로 직접 보고 들으니 마음이 찡해졌다. 나도 내가 진정으로 행복해 할 수 있는 일을 하고 싶다는 생각이 들었다.

대한 인터뷰 내용을 구체적으로 제시해 주고, 그중에서 자신에게 와 닿은 내용을 중심으로 짧은 에세이를 쓸 수 있도록 작문 과목과 융합 수업을 진행했다. 이는 짧은 체험 시간을 아이들 마음속에 새길 수 있는 좋은 수업 사례가 되었다.

Step 3. 미리 체험, 미래 직업!

세 번째 단계는 현장 직업 체험으로 학생들이 직접 현장에 찾아가 실제로 직업을 경험해 보는 단계이다. 이 또한 처음에 구성된 모둠별로 체험하고 싶은 직업 현장을 선택할 수 있도록 했다.

학교에서 운영한 전일제 직업 체험에서 미처 제공하지 못한 직업에 대해서는 자율적으로 겨울 방학 과제 등을 통해 체험해 볼 수 있도록 구체적으로 안내해 주었다.

전일제 체험 중 아이들에게 가장 인기 있었던 직업 체험은 단연 바리스타와 제과 제빵사, 그리고 의료직이었다. 요리 관련 직업에 대한 아이들의 관심은 상당하지만, 실제로 직접 체험할 수 있는 곳은 많지 않다. 현재 영업을 하고 있는 음식점이 대부분이기에, 직업 체험을 위해 실습을 하거나 수업을 받을 수 있는 곳을 섭외하기가 어렵기 때문이다.

그래서 우리는 강릉에 있는 직업 체험 기관인 '희망 공간'이라는 곳을 활용했다. 최근 들어 진로 교육에 대한 수요가 높아지면서 각 지역마다 직업 체험 전문 교육 기관이 늘어나고 있는데, 이곳도 학생들에게 이론을 가르쳐 준 후 실제 체험이 가능한 곳과 연결해 주는 기관이다.

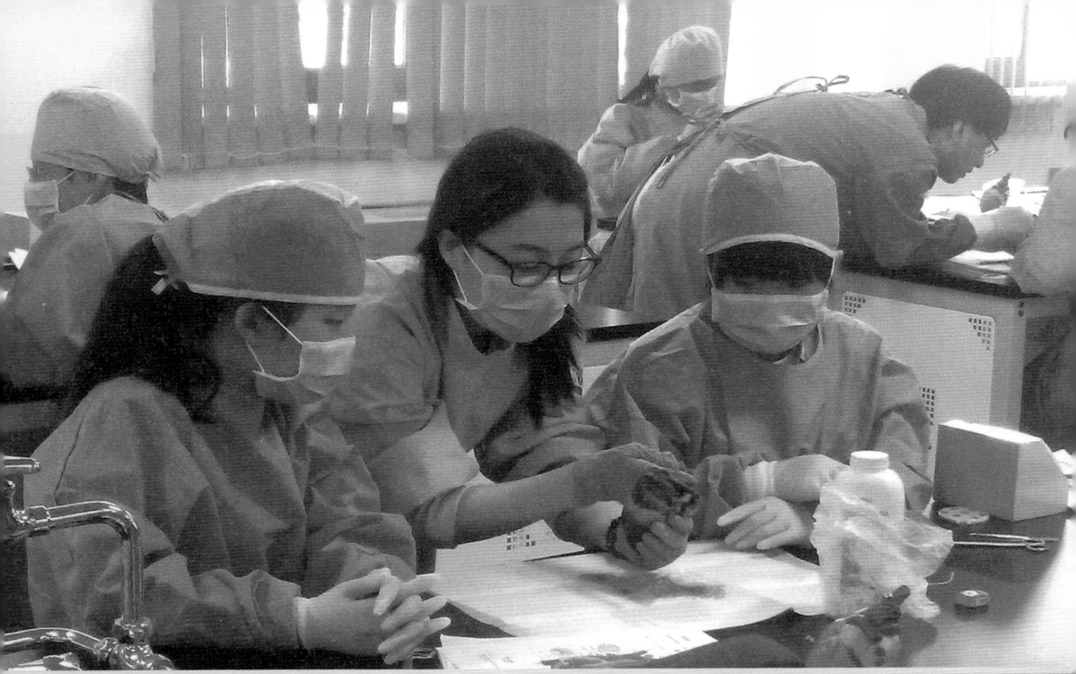

의료직 체험과 제과 제빵사 체험.

여러 가지 직업 중 아이들이 가장 많이 희망한 직업인 바리스타, 제과 제빵사로 나누어 직업 체험을 실시했다. 아이들은 제과 제빵 체험을 하며 미니 하트 케이크 만들기, 와플 만들기 등을 진행했고, 역시나 무엇보다도 시식(!) 시간을 가장 즐거워했다.

또한 의료직을 선택한 아이들은 강릉 아산병원을 방문하여 드레싱 및 붕대 감기, 병동 견학, 병동 회진, 혈압 측정, 수액 세트 만들기 등의 간단하면서도 쉬운 활동을 진행하면서, 미약하긴 하지만 직접 직업 세계를 체험해 보았다.

선생님, 태백에도 갈 곳이 이렇게 많았어요?

모든 학생들이 일괄적으로 참여하는 직업 체험 프로그램은 아무래도 많은 수용 인원과 프로그램의 내용을 고려해야 하기에 이미 입증된 인근 도시의 체험 기관을 활용할 수밖에 없었다. 그러나 진로 분과 선생님들의 마음속에는 아이들이 살고 있는 우리 지역에서의 직업 체험에 대한 숙제가 여전히 자리 잡고 있었다.

그래서 학기 초에 유선으로 연락을 취했던 기관들과 공공 기관, 박물관 등 아이들이 직접 체험할 수 있는 우리 도시 안의 모든 기관을 총망라하여 아이들에게 정보를 알려 주었다.

이렇게 체험 가능한 기관을 구체적으로 제시해 주고 정기 고사 기간 동안 모둠을 이루어 직업 체험, 직업인 인터뷰 등을 하도록 했다. 그런데

:: **직업 체험 편성표**

번호	기관 및 시설명	교육 기부 분야	자유학기 중 활용
1	태백석탄박물관	창의 체험(환경, 생태)	직업인 초청, 부모님과 함께하는 직업 체험
2	장성광업소	직업 체험(직업 체험)	
3	태백장성중앙병원	창의 체험(의료 진로·직업)	
4	태백시청	지역 기관 및 교육 활동 지원	
5	연세대학교(원주)	창의 체험(진로), 방과 후 교육	
6	태백청소년상담복지센터	상담 및 위기 학생 지원	
7	태백경찰서	상담 및 학생 안전 지원	
8	태백농협중앙회	창의 체험(진로)	
9	태백국유림관리소	창의 체험(환경, 생태)	부모님과 함께하는 직업 체험
10	태백생명의 숲	창의 체험(환경, 생태)	
11	태백청소년수련시설	창의 체험(문화·예술/체육) 방과 후 교육	
12	태백관광개발공사	창의 체험(문화·환경)	
13	태백지역자활센터	교육 복지 지원	
14	태백오투리조트	창의 체험(진로·직업)	
15	강원관광대학교	창의 체험(상담,직업 체험)	
16	법무부범죄예방위원 영월지역협의회	학생 생활 지원	
17	태백수자원공사	창의 체험(환경, 생태)	
18	태백산도립공원	창의 체험(생태/체육)	
19	하이원 엔터테인먼트 애니메이션	창의 체험(진로·직업)	
20	유리공예	창의 체험(진로·직업)	
21	커피박물관	창의 체험(진로·직업)	
22	태백레이싱파크	창의 체험(체육/진로·직업)	
23	태백너와마을	창의 체험(가옥)	
24	태백교육도서관	창의 체험(독서·교육) 방과 후 프로그램	
25	태백고생대자연사박물관	창의 체험(목공/화석/3D)	
26	강원소방학교	창의 체험(안전/화재)	전일제 체험, 부모님과 함께하는 직업 체험
27	태백 365 Safety Town	창의 체험(안전/체육)	

의외로 아이들은 우리 지역만의 특색을 드러낼 수 있는 문화에 상당한 관심을 갖고 있었던 모양이었다.

광업소 체험을 선택했던 모둠에서는 지역의 전통과 새로운 레저 산업을 접목시키자는 내용을 체험 보고서에 담아 주위를 깜짝 놀라게 만들기도 했다.

Step by Step 프로젝트는 학생들이 한 학기 동안 3단계를 거치며 자신의 꿈을 구체적으로 탐색해 보고, 자신의 진로를 창의적으로 설계해 볼 수 있게 만들어 준 소중한 기회였다.

비록 지역 인프라가 충분하지 못한 환경이었지만, 최대한 인근 근접 도시를 이용하고, 직접 체험뿐 아니라 간접 체험과 탐구 시간을 활용한 것이 인프라 부족을 메울 수 있었던 핵심 원동력이었다.

마을 재생 프로젝트와 연계한 진로 체험

"하나의 장애물은 하나의 경험이며, 하나의 경험은 하나의 지혜다."라는 이스라엘 속담이 있다. 우리 아이들이 자라서 설사 이곳을 떠나 대도시로 가더라도, 아이들에게 꿈을 꾸게 하고 그 꿈을 품게 한 곳은 언제까지나 마음의 고향인 태백이리라.

그런 만큼 태백만의 특색을 파악하고 이곳에서만 할 수 있는 일들을 적극적으로 찾아본다면, 그리고 아이들이 동참할 수 있도록 도와준다면 그보다 더 의미 있는 경험은 없을 것이다.

2학기를 마무리하면서 자유학기제 평가회와 협의회를 통해 내년 진로 탐색 활동에 대한 깊이 있는 논의를 하였다. 한 학기 동안 '계란으로 바위 치기'와 같은 막막함 때문에 힘들고 어려운 시간을 보냈지만, 그래도 내년에는 더 나은 프로젝트를 만들고 실행에 옮겨 보자는 선생님들의 의견이 많았다.

"상장동, 철암동 폐광촌 벽화 마을 조성 같은 일에 우리 아이들이 함께 할 수 있지 않을까요?"

역시 미술 선생님은 아이들과 함께 할 수 있는 벽화 프로젝트에 대한 욕심을 버리지 않고 있었던 모양이다.

여기서 잠깐!

직업 체험을 다녀와서 : 광업소 체험_1학년 3반 홍○지

태백은 석탄 산업의 본고장이다. 1980년대부터 1990년대까지 우리나라 경제 발전의 주축이 되었던 최고의 석탄 매립지였다고 한다. 우리 큰 삼촌은 원래 울산에 사셨는데 태백에서 광부 일을 하면 돈을 많이 번다고 해서 이곳으로 이사를 왔고, 우리 아빠와 식구들도 그때쯤 이사를 왔다고 한다.

장성광업소는 아직도 실제로 석탄을 캐고 있다고 한다. 처음에 입구에서 헬멧을 쓰고 레일 바이크와 같은 석탄 이동 장치를 타고 입구까지 들어갔다. 어두컴컴해서 왠지 무섭기까지 했다. 옛날에 이곳에서 일하던 광부들은 진폐증이라는 병에 많이 걸렸다고 한다. 잠깐 머무는 동안에도 공기가 정말 좋지 않다는 생각이 들었다. 무척이나 힘들고 괴로운 직업이었으리라는 생각이 들었다. 이분들 덕분에 우리나라 자원이 개발되어 에너지로 사용할 수 있게 된 것이겠지?

또 교과 전공 과목과 관련한 직업 탐색 프로그램에 대한 의견도 많이 나왔다. 사회 선생님은 해외의 폐광 지역 재생 사례를 들며, 우리 지역의 미래 산업과 진로 체험을 연계시키는 아이디어를 내놓았다.

"탄광지를 계승한 해외의 훌륭한 사례에 대해 찾아보고 10년 뒤의 자랑스러운 태백에 대해 구상해 보게 하는 프로젝트는 어떨까요? 폐광지를 활용한 호주의 '블루마운틴' 국립공원은 세계적 관광지가 되었잖아요. 아이들에게 우리 지역 산업을 구상하게 한다면 의미가 있을 것 같아요."

올해 진로 프로그램을 계획하며 우리 지역을 활용한 프로젝트를 구상했지만, 짧은 준비 시간으로 인해 실행까지는 할 수 없었다. 그러나 자유학기 2년차를 맞이하는 2014년에는 아이들에게 '자랑스러운 고향 심어주기'라는 계획을 실행에 옮기기 위해 진로 분과 선생님들이 야심차게 준비하고 있다.

폐광지의 문화적 복원과 산업 유산을 활용한 도시 재생이라는 목적 아래, 최근 들어 정선과 태백을 중심으로 레저 문화 시설이 속속 생겨나고 있다. 대표적인 사업으로 '탄광촌 아트센터'가 있다.

탄광촌 아트센터는 미술, 음악, 건축, 교통 등 각계각층 전문가와 지역 주민 대표를 총망라하여 '탄광촌 마을 재생 프로젝트 위원회'를 구성하고 운영하는 프로젝트다. 이 사업을 통해 탄광 마을의 역사와 풍습을 토대로 문화 콘텐츠를 만들고 관광과 연계한다는 것이다. 전국 어느 곳에서도 할 수 없고, 볼 수도 없는 우리 지역만의 풍경이다.

우리 아이들이 이러한 지역 사회 사업을 곁에서 보고 함께 동참할 수 있다면, 아이들이 보고 배우는 건 우리가 미처 예상치 못할 정도로 어마어마할지도 모른다. 물론 중학생의 수준에서 전문적 역할을 수행할 수는 없을 것이다. 하지만 자라나는 꿈나무들이 직접 참여한다는 사실은 탄광마을 희망 찾기에서 지역 사회의 긍정적인 미래를 엿볼 수 있다는 데 큰 의미가 있으리라.

버려졌지만 잊히지 않는 곳. 아이들의 영원한 마음의 고향이 될 우리 고장 태백. 내가 나고 자란 지역에 대한 애정과 정체성을 바탕으로 태백만의 직업 세계를 아이들과 지역 주민이 함께 만들어 간다면, 전국의 그 어느 직업 체험보다도 진정성이 담긴 의미 있는 시간이 될 것이다.

우리에게 주어진 현실을 걸림돌로 여기기보다 디딤돌로 삼을 때, 우리가 한 걸음씩 앞으로 나아갈 수 있으리라 굳게 믿는다.

이런 일도 있어요!

나에게는 꿈이 '많습니다.'

::함태중학교 1학년 ○**별**

자유학기제와 함께 시작된 진로 수업. 선생님께서는 자유학기제를 하면 전일제 체험도 가고 직업 체험도 할 수 있다고 이야기하셨다. 초등학교 때부터 소풍이라고 하면 고작 석탄 박물관과 태백산에 가는 게 다였는데, 직업 체험을 하면 과연 우리가 갈 데나 있을까? 친구들과 내가 시큰둥한 마음을 가졌던 것도 사실이다. 그런데 자유학기제 동안 태백에 이렇게 많은 직업 세계가 있다는 사실을 처음 알게 되었다.

우리는 먼저 자신의 흥미, 적성, 가치관, 성격 등에 대해 알아보는 네 가지 검사를 했다. 별 생각 없이 검사를 했는데, 결과를 보니 내가 생각하던 '나'와는 전혀 달라서 놀랍기도 하고 다소 충격적이기까지 했다. 난 평소 나에 대해 정말 잘 알고 있다고 생각했는데…….

검사를 끝낸 후, 우리는 직접 직업인들을 만나 강의를 듣고 진로에 대해 생각해 볼 수 있었다. 특히 우리가 직접 듣고 싶은 강의를 선택할 수 있다는 점이 가장 마음에 들었다. 직업인들 입장에서는 조금 답답할 수도 있었을 것 같은데, 자세하고 친절하게 설명해 주셔서 해당 직업에 대해 쉽게 이해할 수 있었다. 체험해 볼 수 있는 직업의 폭이 넓지 않았다는 점이 다소 아쉬웠지만, 평소 생각해 보지 못했던 직업에 대해 알게 되어 나름대로 좋은 기회가 된 것 같다.

내가 선택한 것은 태백 장성중앙병원에서 근무하시는 의사 선생님의 강의였다. 석탄 산업이 활황이었던 때 태백에 생긴 장성중앙병원이 전국 최초의 산재 병원이라는 사실을 알게 되었다. 그리고 늘 알고는 있었지만, 의사가 되기 위해서는 정말로 열심히 공부해야 한다는 사실을 다시 한 번 느끼게 되었다.

마지막 단계는 직접 직업을 체험하는 시간인 진로 체험! 나는 바리스타와 의사, 그리고 제과 제빵 등 3개의 직업을 체험해 보았는데, 무엇보다 체험하는 공간과 시설, 준비물이 잘 갖춰져 있어서 수월하게 진행되었다는 점이 기억에 남는다. 아무래도 여러 조리 기구들 또는 의약품을 사용해야 하는 체험이다 보니 쉽게 다칠 수 있는데, 강사 선생님들이 계속 도와주셔서 사고 없이 재미있게 체험할 수 있었다.

그중에서도 내가 체험한 바리스타는 커피만 타면 된다고 생각했던 것과는 달리 많은 지식이 필요한 직업이었다. 일단 커피에 대해 이삼십 년씩 공부해도 다 알지 못한다는 데 놀랐고, 손에 익숙해질 때까지 익혀야 된다는 수많은 조리 기구들이 신기했고, 맛있는 커피를 만들기 위해 하루에도 수십 잔씩 커피를 만들어 마시면서 맛과 향의 차이와 노하우를 익히기 위해 노력한다는 말에 감탄했다.

우리는 고작 두세 시간 동안 체험을 했는데도 커피 향 때문에 머리가 아파 오기 시작했다. 그런데 하루에 반나절 이상 커피 향을 맡으면서 공부하고 연습할 생각을 하니, 직업을 선택할 때 가볍게 결정하면 안 되겠다는 생각이 다시금 들었다.

어느덧 2013년의 끝자락에 다다라 그동안 배우고 체험했던 진로 수업을 떠올려 보니, 자유학기제가 끝난다는 게 아쉽기만 하다. 1학기에 비해서 물 흐르듯 지나간 2학기는 정말 즐거웠던 것 같다.

물론 이번 자유학기제를 통해 내 진로가 정해진 건 아니다. 아직도 해보고 싶은 것은 많고, 흥미를 느끼는 주제도 자주 바뀐다. 하지만 이전과는 다르게 진로를 고민하는 것 자체가 얼마나 중요한 일인지 알게 되었고, 더욱 열심히 나 자신을 가꾸어야겠다는 다짐을 하게 되었다.

4

흔들리지 않고 피는 꽃은 없다

Chapter 1

경제야, 나랑 놀자

대전 외삼중학교 | **김은하**

외삼중학교는 대전광역시 유성구 반석동에 있는 28학급 규모의 학교이다. 2013년부터 1학년 2학기를 자유학기제로 운영하고 있으며, 1학년 담당 선생님을 중심으로 진행하고 있다. 선택 프로그램을 위해 국어 과목 1명, 영어 과목 1명, 사회 과목 2명, 기술·가정 과목 2명, 음악 과목 1명, 미술 과목 1명, 체육 과목 1명의 선생님이 창의 교구반, 발명의 기초반, 뮤지컬 체험반, 경제야 놀자반, 탱그램반, 스포츠 체험반을 개설하여 한 학기 동안 뛰어다녔다.

작은 변화가 시작되다

2013년 12월 14일 토요일, 나는《꿈과 끼를 키우는 자유학기제》저자 협의회에 참석하기 위해 대전에서 서울로 출장을 갔다. 서울에 도착하니 아무도 없었다. 마침 눈이 내려 다들 조금 늦는 것 같았다. 하지만 곧 한두 명씩 도착해서 회의가 시작되었고, 서로 인사를 하고 나니 금세 어색

한 분위기는 사라졌다.

각 지역에서 모인 선생님들이 본교의 자유학기제 성과를 한두 가지씩 이야기하기 시작했다. 수업 시간에 잘 참여하지 않던 아이가 자유학기제를 하면서 수업에 적극적으로 참여하는 학생으로 변한 이야기, 만 원씩 내고 기아 체험을 하던 학생들이 "돈 내고 이게 뭐하는 짓이에요?"라고 투덜대다가 기아 대책 본부에서 온 강사의 강의를 듣고 스스로 정기 후원자가 되기로 약속한 이야기, 무엇보다 학생들에게 좋은 반응을 보였던 수업은 '행복 수업'이라고 하면서 꼭 이야기를 전하고 싶다고 눈을 반짝이던 선생님의 이야기를 듣고 입이 쩍 벌어졌다.

결국 나는 아무 얘기도 하지 못한 채 한쪽 구석에서 조용히 얘기만 듣고 다시 대전으로 내려오는 기차에 몸을 실었다.

'도대체 나는 자유학기제 선택 프로그램을 운영하면서 얻은 것이 무엇일까? 처음 선택 프로그램으로 '경제야 놀자'반을 계획할 때 목적이 무엇이었지?' 여러 가지 생각들이 머릿속을 스치고 지나갔다. 계속 한숨만 나왔고 지난 시간이 무척 아쉽기만 했다.

나는 각 지역에서 모인 선배 선생님들처럼 대단한 변화를 경험하진 못했다. 다만 아주 작은 변화를 발견할 수 있었다. 내가 쓰려고 하는 이야기는 나의 시행착오에 대한 이야기이자, 학생들에게 얻은 작은 희망에 관한 이야기이다.

외삼중학교는 2013학년도에 자유학기제를 운영하면서 선택 프로그램을 중점적으로 연구하기로 했기에, 학생의 관심과 흥미를 끄는 창의적인 체험·참여형 프로그램 활성화를 위해 노력해 왔다.

이를 위해 학생들의 체험 프로그램을 한 주에 8시간씩, 29개(동아리 프로그램 16개, 선택 프로그램 10개, 예술·체육 프로그램 3개)를 운영하고 있다.

특히 선택 프로그램은 교과 연계에 중점을 두고 운영하고 있다. 즉, 국어 교과와 연계하여 의사소통 기능과 표현 능력을 기르는 '창의 교구'반, 기술·가정 교과와 연계한 '발명의 기초'반, 음악 교과와 연계한 '뮤지컬 체험'반, 사회 교과와 연계한 '경제야 놀자'반, 미술 교과와 연계한 도형 관련 '탱그램'반, 체육 교과와 연계한 '스포츠 체험'반 등이다.

매주 화요일, 목요일 2시간씩 16차시가 1세트로, 한 학기 동안 총 4세트가 진행된다. 여름 방학이 끝난 후 바로 선택 프로그램이 진행되어야 했기에 각 담당 선생님들은 방학 전부터 프로그램 준비로 정신없이 바빴다.

선택 프로그램은 사전에 학생들의 희망 수요 조사를 통해 개설이 이루어졌으며, 학생 수요가 많은 반은 반으로 나누고, 외부 강사와 수업을 분담하여 총 6개 과정, 10개 반이 개설되었다.

학생들에게 1세트부터 4세트까지 1·2희망으로 총 8개 반 신청을 받았고, 학생 개인당 1희망 3개 반, 2희망 1개 반에 배정되었다. 1세트 수업이 끝난 뒤에는 학생들에게 수업 평가서를 돌려 피드백을 받았고, 피드백을 바탕으로 다음 수업을 개선해 나갔다. 또 선택 프로그램이 시작되기 전, 담당 부서에서 필요한 수업 준비물을 일괄적으로 신청하여 만반의 준비를 갖출 수 있도록 노력했다.

:: **선택 프로그램 세부 내용**

프로그램	운영 내용
창의 교구	[창의 교구 1, 2반] 창의력을 길러 주는 다양한 교구와 협동 학습을 통해 '더불어 살아가는 삶'을 배운다. 창의성 향상과 인성 함양이 목표이다.
경제야 놀자	[경제야 놀자 1, 2반] 경제 체험 및 다양한 직업 교육을 실시하여 학생 스스로 삶을 개척할 수 있는 역량을 길러 준다.
발명의 기초	[발명의 기초 1, 2반] 발명의 기초적인 내용을 알려 주면서, 발명에 대한 흥미를 높이고 소질을 계발한다.
스포츠 체험	[스포츠 체험반] 스포츠 활동으로 직업 사회화와 사회적 기술을 체득한다.
탱그램	[탱그램반 1, 2반] 다양한 체험과 소통을 통해 미적 감수성과 창의적 표현 능력을 길러 '행복한 삶'의 기반을 마련한다.
뮤지컬 체험	[뮤지컬 체험반] 고전 뮤지컬에서 현대 뮤지컬에 이르기까지 해설과 함께 감상해 보고, 뮤지컬의 구성 요소와 배우의 역할을 탐색하여 음악극을 이해할 수 있도록 한다.

어떤 수업이 정답일까?

2013년 8월 27일은 선택 프로그램을 처음 시작하는 날이다. 사회과에서 준비한 선택 프로그램은 '경제야 놀자'반.

2013년 1학년 사회 교과서가 바뀌면서 3학년에 있었던 경제 단원이 1학년으로 내려왔다. 대다수의 학생들이 경제가 중요하다는 사실은 알고 있지만 "어렵다, 딱딱하다, 재미없다."라는 반응 일색이어서, 사실 1학년 학생들에게 경제를 가르치기는 상당히 부담스러운 편이다. 그래서 경제를 친근하고 재밌게 느낄 수 있도록, 게임을 통해 경제 이론을 배우는 '경제야 놀자'반을 야심차게 계획했다.

마침 지역 사회 단체와 연계한 수업을 추진하기 위해 1학기 내내 여기저기 알아보던 중, 대학생 경제금융교육봉사단 '폴라리스'라는 단체를 알게 되었다. 이 봉사단은 어린이-청소년 경제 금융 교육을 위해 만들어진 단체로, 대학생의 교육 기부로 운영된단다. 이러한 사업과 우리 학교 사회과의 경제 교육 운영 취지가 딱 맞아떨어졌다. 나는 즉시 봉사단에 연락을 취해 교육을 신청했다.

수업은 1명의 사회 교사와 2명의 대학생 봉사단이 함께하는 협력 수업으로 이루어졌다. 1교시에는 주로 이론 중심의 수업을 하고, 2교시에 보드 게임, 경매 게임 등 재미있는 게임을 통해 활동 수업을 했다. 선택 프로그램을 시작한 취지가 '학생들이 어렵다고 생각하는 경제에 좀 더 친근하게 다가가게 하기 위한 것'이었기에 수업의 초점을 최대한 학생 활동에 맞추고 싶었다.

그러기 위해서는 학생들의 적극적인 참여가 가장 중요하다는 생각이 들었다. 참여 수업인데 아무도 참여하지 않으면, 어떤 의미에서는 김빠진 수업 시간이 될 테니까 말이다. 그래서 수업을 시작한 초반에는 사탕이나 초코바 따위를 학생들에게 상품으로 나눠 주는 방법을 활용했다.

예를 들어, 가장 처음 발표하는 학생에게 상품을 하나씩 주는 식이다. 학생들의 반응이 폭발적이었다! 아무래도 먹거리가 상품이었기 때문이리라. 심지어 다른 선택 프로그램을 신청한 학생들도 '경제야, 놀자'반에 오고 싶어 한다는 소문까지 들려왔다.

그러나 곰곰이 생각해 보면 학생들이 참여하고 싶어 하는 이유가 외적 보상이었으므로, 한편으로는 내적 동기를 높이기 위한 방안을 생각하지 않을 수 없었다.

이런 고민을 하던 중 우리 학교에서 자유학기제 선택 프로그램 공개 수업을 하기로 결정되었다는 소식이 전해졌고, 그중에서도 하필이면 '경제야 놀자'반이 뽑혔다는 이야기를 들었다. 수업에 대한 내 고민이 한층 더 깊어질 수밖에 없었다.

고민 끝에 평소에 수업을 잘 하기로 소문난 선생님에게 도움을 요청했고, 주말을 틈타 그 선생님이 재직하는 학교에 가 보았다. 그동안 수업한 학생들의 결과물이 선생님 책상 위에 가득했다. 그중에서도 '창업 아이템 선정 및 발표' 수업 때 나온 학생들 작품이 눈에 띄었다.

"선생님, 이 학생들 작품이 한 시간 동안에 다 만든 것인가요?"

내가 보기에 학생들이 한 시간 동안 만들기에는 양이 너무 많았을 뿐 아니라, 예상 외로 구체적이고 자세한 내용까지 담겨 있었다.

"네, 미리 창업 계획서를 나눠 주기는 했지만, 한 시간 동안 학생들이 제작한 거예요. 여기서 선생님이 할 일은 구체적이고 현실 가능한 내용이 되도록 학생들에게 질문을 해서 생각할 기회만 만들어 주는 것이지요."

담당 선생님의 대답을 듣고 나는 더욱 머리가 아파 왔다.

첫째, 과연 내가 그 선생님처럼 적절한 질문을 할 수 있을까? 둘째, 실수 하나하나가 몹시 부담스러운 공개 수업에서 학생들에게 모든 것을 맡겨도 되나? 하는 생각 때문이었다.

내 생각을 들은 선생님은 가장 자신 있는 수업을 하라고 조언을 해 주었다. 그러자 문득 '쏙쏙 금융, 쑥쑥 신용' 수업이 머릿속에 떠올랐다. 학생들이 가장 활발하게 참여했던 수업이기 때문이었다.

이 수업은 경매 게임을 통해 진행되므로 자연스럽게 학생들이 수업에 참여할 수 있었다. 게다가 별도의 과제가 없어서 학생들의 부담도 적은 편이라 즐거운 수업이 될 듯했다.

진정한 학생 중심 수업으로 발돋움하다

공개 수업 당일에는 기대 이상으로 학생들의 참여도가 높았다. 신용 점수가 높은 모둠과 신용 불량자가 된 모둠 등 다양한 결과까지 얻게 되었다. 그 결과에 따라 학습 정리를 해 준 뒤, 나름대로 성공적인 수업이었다고 생각하며 강평회에 들어갔다.

그런데 자평이 끝난 후 장학사가 이런 질문을 했다.

"선생님이 생각하기에 이 수업은 교사 중심이었다고 생각하세요, 학생 중심이었다고 생각하세요?"

'경제야 놀자'반에서 진행한 경매 게임의 한 장면.

나는 미처 생각지 못한 질문에 당황할 수밖에 없었다.

"수업 시간이 한정되어 있다 보니……, 학생들에게 토의할 시간을 많이 주지 못했습니다. 그래도 학생들이 퀴즈나 경매에 적극적으로 참여했기에 학생 중심이었다고 생각합니다."

"저는 이 수업의 교수·학습 과정 안에 '진로 성취'에 대한 목표도 있었기에 경제만 다루는 수업이 아니라 진로와 연계된 수업일 거라고 생각했습니다. 특히, 경매 게임에서 중요한 역할을 하는 '경매사'라는 직업과 관련하여 수업이 진행되리라고 예상했지요. 경매사 역할을 선생님이 아니라 학생이 했더라면 직업 체험도 되었을뿐더러, 제대로 된 학생 중심 수업이 되었을 거라는 생각이 드는군요."

내 답변에 대한 장학사의 피드백이었다.

순간, '아차' 싶었다. 나는 진로 성취를 목표로 세워 놓고도 전혀 생각지 못했고, 경매사 역할을 학생들에게 맡기면 실수라도 할까 봐 폴라리스 소속 대학생 선생님에게 맡겼다. 학생들이 수업에 적극적으로 참여하는 게 '학생 중심 수업'이라는 잘못된 생각을 하고 있었던 것이다.

이후로 '경제야, 놀자'반의 수업은 선생님이 주도하는 수업이 아닌, 진정으로 학생들이 주도하는 수업으로 변하기 시작했다.

먼저 경매사를 학생에게 직접 맡겨 보았다. 경매사라는 직업을 경험해 볼 수도 있고, 자신이 직접 해 보았다는 성취감이 들면 수업의 참여도가

여기서 잠깐!

내 꿈에 한 발 더 다가가는 기회가 된 자유학기제 _'폴라리스' 대학생 봉사자 류진

처음 수업에 참여하면서 많이 놀랐다. 아이들이 시험에서 자유로워 보였기 때문이다. 수업 시간에 어느 누구도 "이거 시험에 나와요?"라고 묻지 않았다. 그렇다고 해서 아이들의 집중도가 떨어진다거나, 분위기가 산만한 것도 아니었다. 아이들 모두가 교재에 빈칸을 채우고, 자기 생각을 적는 데 열의를 보였다. 나중에 들어 보니, 외삼중학교는 자유학기제를 시행하고 있어서 내가 중학교를 다닐 때와는 환경이 많이 다르단다. 이런 분위기에서 공부하는 아이들의 모습을 보니 부럽기도 했고, 시험을 위한 공부가 아닌 스스로 원하는 공부를 하는 것 같아 더 열심히 아이들을 가르칠 동기 부여도 되었다.

청소년 캠프에서 청소년들을 가르쳐 본 경험이 있긴 하지만 학교 선생님의 자격으로 아이들을 만나 본 기회는 이번이 처음이었다. 이 경험을 통해 교단 위에 서 있는 순간이 가장 기쁘다는 사실을 깨달았다. 매주 수업을 앞둔 주말이면 어떻게 더 많은 걸 아이들에게 전달할 수 있을까, 고민하며 열정적으로 수업을 준비했다. 그러자 아침에 학교 가는 길도 그렇게 즐거울 수가 없었다.

그래서 지금 나는 내 진로를 '선생님'으로 확고히 정하고 꿈을 이루기 위해 학교 수업을 열심히 듣고 있다!

훨씬 높아질 것이라 예상했기 때문이다.

막상 경매사를 뽑으려고 했더니 경매사를 하고 싶어 하는 학생들이 하도 많아 가위바위보로 결정해야 했다. 그다음에는 경매사를 하고 싶어 하는 이유가 무엇인지 일일이 질문을 한 뒤, 그 대답이 경제 수업과 잘 맞다고 생각되는 학생에게 경매사를 맡겼다. 그랬더니 가위바위보로 결정했을 때보다 학생들이 훨씬 더 책임감 있게 경매사 역할을 해냈다. 더불어 성취감도 더 커진 것 같았다.

그중 준형이가 경매사 역할을 했을 때가 가장 인상 깊었다.

준형이의 꿈은 '아빠'였다. 아빠가 꿈이라니! 물론 '좋은 아빠'가 되는 것은 그 어떤 직업인보다도 어려운 일이긴 하지만……. 그래도 아빠를 직업으로 볼 수는 없었기에 다른 꿈을 이야기해 보라고 여러 차례 물어

보았다. 하지만 준형이는 자신의 꿈이 정말로 아빠라며 끝내 말을 바꾸지 않았다. 좀 더 구체적으로 말해 보라고 하자, 한참을 생각하더니 '착한 아빠'라고 대답했다.

그런데 준형이가 경매사 역할을 해 보더니, 대뜸 이렇게 얘기하는 게 아닌가?

"선생님! 그 전에는 경매사라는 직업에 대해 한 번도 생각해 본 적이 없었는데요. 이번에 그 역할을 해 보니까 새롭게 흥미가 생겼어요. 제 꿈으로 한번 생각해 볼까 해요."

이럴 수가! 나도 모르는 새 이미 작은 변화가 시작되고 있었던 모양이다. 준형이에게 '경제야, 놀자' 경매 게임 수업 때 찍은 사진을 보여 주었다. 그중에서 자신이 가장 잘 나온 사진을 고르면서 멋쩍게 웃던 모습이 지금도 생생하다.

시행착오 속에서 작은 희망이 움트다

세트가 한 번 끝날 때마다 학생들에게 수업 소감문을 받는다. 가장 많이 나오는 소감이 "재미있어요!"이다. 경제 수업을 할 때 가장 밝게 웃던 훈이는 "친구들이랑 같이 하는 것이 재밌어요."라고 대답한다. 소라에게도 같은 질문을 해 보니, 친구들과 협력해서 수업하는 것이 즐겁다며 비슷한 대답을 한다.

학생들에게 생각할 시간과 의견을 나눌 시간을 주고 스스로 주도하게 하니 '사탕'보다 더 좋은 결과가 나온 셈이다. 선생님의 역할이 조언자이자 안내자라는 걸 머리로만 생각했을 뿐, 그동안 제대로 실천하지 못했다는 걸 깨달은 일이 내게는 가장 큰 공부였다.

자유학기제가 시작된 뒤로 선생님들의 일상은 엄청나게 바빠졌다. 쉬는 시간에 화장실 갈 틈도 없이 일을 해야 소화 가능한 업무량도 그렇지만, 선생님의 능력과 역량에 많은 부분을 의지해야 하는 자유학기제의 현실이 더 부담스럽게 와 닿는 게 솔직한 심정이다.

오늘도 쉼 없이 일을 하고 있는데, 우리 반 현영이가 "선생님~." 하면서 나를 불렀다. 나도 모르게 그만 "왜!"라고 대답하며 찡그린 얼굴로 현영이를 바라보았다.

"선생님, 오늘도 볼이 빨간 걸 보니 스트레스 많이 받으셨나 봐요."

희주가 나를 안쓰럽다는 듯이 쳐다보며 말했다. 그러자 저절로 웃음이 비어져 나왔다. 학기 초에 "선생님은 스트레스받으면 볼이 빨개져."라고 말했던 걸 희주가 아직까지 기억하고 있었나 보다.

나는 피식 웃으며 다시 힘을 냈다.

"선생님은 너희가 있어서 괜찮아."

이런 일도 있어요!

"선생님! 오늘은 패널 토의 하는 날이에요."

::외삼중학교 국어 교사 **김옥경**

"선생님! 오늘은 패널 토의 하는 날이에요. 저희끼리 패널 다 정해 놓았어요. 패널 맡은 학생들 앞으로 나갈까요?"

"오, 그래. 다들 준비 많이 했구나. 선생님이 패널 토의 진행 방식에 대해 간략하게 설명하고 나서 바로 시작하자꾸나."

이렇게 학생들이 수업 시간을 기다리며 준비하는 국어 수업은 지금까지 많지 않았던 것 같다. 1학년 2학기, 한 학기 동안 학생들의 눈빛은 유달리 진지했고, 교실은 소란스러움이 아닌 활발함으로 가득 차 있었다.

설명문을 배우는 시간에는 설명문 쓰기에 필요한 다양한 방법들을 익힌 후, 각자 친구들에게 정보를 전달할 목적으로 글을 쓰고 발표를 했다. 스스로 자료를 찾아보고, 다른 수업 시간에 배운 배경 지식을 활용하여, 친구들이 궁금해할 만한 내용의 설명문을 작성하는 모습이 무척이나 신이 나 보였다.

또 어느 단원에서는 자신이 직접 체험한 일을 토대로 수필을 써 보기도 했고, 자신의 이야기를 여러 가지 표현 방법으로 나타내면서 글의 구성 단계에 따라 사진 자료를 덧붙여 발표까지 해 보았다. 예전 같았으면 핵심적인 지식만 짚고 넘어가기에 급급했으리라.

“즐겁게 수업해서 그런지 공부한 내용이 머릿속에 쏙쏙 들어가는 것 같아요.”

눈빛을 초롱초롱 빛내며 말하는 한 여학생의 말에 선생님으로서 참 뿌듯한 기분이 들기도 했다.

이렇게 학생들이 수업을 직접 준비하고 참여하는 과정이야말로 정말 이지 산 교육의 현장이었다. 신기한 건, 학생들이 즐거웠던 수업은 집에 가서 부모님께 꼭 이야기를 한다는 사실이다.

수업뿐만이 아니다. 여러 가지 학교생활에 대해서도 부모님과 이야기를 나누는 시간이 길어졌다.

이렇게 한 학기 동안 학생이 수업의 주인이 되어 서로 교감하며 진행된 시간들을 떠올려 보면, 나도 모르는 새 행복한 미소가 입가에 번진다.

사실 자유학기제를 처음 실시할 때만 해도 학생과 선생님 모두 이토록 행복한 수업 시간을 경험할 수 있으리라고는 예상하지 못했다. 예전 수업 모습대로라면 선생님은 진도에 연연해서 다양한 활동을 포기했을 테고, 학생들은 평가에 대한 스트레스로 착 가라앉아 있었을 테니까.

그런데 자유학기를 시행하고 나서는 교실 안에서 행복한 웃음소리가 터져 나오고 자유로움 속에서 질서 정연함을 찾을 수 있었다. 정말 멋진 시간이었다!

Chapter 2

새로운 상상은 언제나 즐겁다

서울 잠실중학교 | **한선자**

잠실중학교는 서울특별시 송파구에 있는 35학급 규모의 학교이다. 학부모들이 자녀 개개인의 학력 신장에 많은 관심을 쏟고 있으며, 학교 교육에 대한 기대도 높다. 또한 좋은 교육·경제적 환경 때문에 학생들의 꿈이 무척 큰 편이다. 이에 따라 본교는 학생들의 미래에 대한 현실적인 접근과 체계적인 진로·인성 교육의 필요성을 느끼고 있었다. 자유학기제를 맞이하여 교장, 교감, 교무부장, 연구부장, 수석교사, 1학년 부장, 1학년 기획, 교무기획, 평가 담당 교사 2명 등으로 이루어진 TF팀을 꾸렸으며, 실제로 정규 수업과 선택 프로그램은 담임 선생님과 1학년 교과 담당 선생님이 진행하였다.

우리 아이들은 마음 둘 데가 없다?

얼마 전, 아이가 미국에 가는 문제로 학부모가 상담을 받으러 와서 이런저런 대화를 나눈 적이 있었다.

"○○가 선생님을 좋아해요. 선생님은 엄마처럼 잔소리가 많지 않으시고 뒤끝도 없어서 쿨하시다고."

순간, 나도 모르게 웃음이 빵 터지고 말았다. 어디선가 많이 듣던 소리였다. 선생님을 급하게 좋아하면서까지 엄마의 잔소리를 피하고 싶은 사춘기 아이들. "몇 달 전에 저희 아들이 저한테 한 말이랑 똑같네요."라고 하면서 함께 한바탕 웃었다.

가정에서나 학교에서나, 나와 인연을 맺은 아이들이 어찌 소중하지 않으랴? 마음만은 모두가 원하는 대로 꿈을 이루면 좋겠지만, 무한 경쟁 속에서 그렇지 않은 결과를 얻을 수도 있다는 현실까지 감히 부인하진 못한다. 하지만 나는 학교에서나 가정에서나 아이들 앞에서 먼저 현실이 힘들다고 말하지 않는다. 아이들 스스로 별반 느끼지 못하고 있는데, 내가 말하는 순간에 힘들다고 느끼게 될까 봐 겁이 나는지도 모르겠다.

사실 아이들은 어른들이 보기에 다람쥐 쳇바퀴 돌 듯 학교로 학원으로 내몰리는 것처럼 보이지만, 나름 바쁘고 힘겨운 일상 속에서도 자기들만의 언어로 키득거리고 즐거워한다. 쉬는 시간의 모습을 잠시 지켜보기만 해도 활기차고 재미지다.

그런 아이들도 잘 웃지 않는 때가 있다. 바로 시험 기간! 생기발랄하게 웃고 떠들던 1학년 학생들도, 사춘기의 절정에 접어들어 제멋대로만 하고 살 것 같은 2학년도, 이제는 시험에 익숙해질 만한 3학년마저도.

"선생님, 이번 시험 쉬워요?"

"쉽게 내 주세요~."

복도를 지나다닐 때마다 나를 붙잡고 매달리며 재잘거리는 모습에 "그러면 시험이 매력이 없지."라고 하면서 살짝 농담 반 진담 반의 말을 섞지만, '백점'을 맞아 부모님에게 실컷 자랑하고 싶어 하는 아이들의 진심을 알기에 가슴속 한편으로는 안쓰러운 마음이 든다.

요즘 재미있게 보는 TV 프로그램 중에 연예인 부모와 자녀가 나와서 서로의 마음을 주고받는 예능 프로그램이 있다. 어느 날 출연자인 한 중학생 아이가 게임에 몰입하다가 부모에게 들키는 바람에, 핑계 아닌 핑계로 "마음 둘 데가 없어서 그랬다."라고 말하는 장면을 보았다. 순간 나는 옆에서 같이 보고 있던 아들과 함께 자지러지게 웃고 말았다. 얼마 전 우리 아이가 했던 말과 비슷한 말이었고, 그 당시 그렇게 이야기하는 우리 아이를 보며 어이없어 했던 기억이 났기 때문이다.

TV에 등장한 아이는 꽤 모범생처럼 보였는데도 그런 생각을 하고 있다니……. 또래 아이들의 심정이 이해가 되기도 하면서, 동시에 안타까운 마음이 들기도 했다. 그래, 마음 둘 데가 없기도 하겠지. 자신의 꿈이 무엇인지, 무엇을 하면서 살아야 할지, 여유로운 생각을 할 틈이 거의 없으니까.

그러다 문득 미안한 마음이 들었다. 과연 나는 선생님으로서, 그리고 엄마로서 진정 그들의 꿈과 재능, 행복을 위해서 노력하고 있는 걸까?

물론 아이들만큼 어른들도 혼란스럽기는 마찬가지다. 특히나 입시가 다가올수록 학부모 역시 여러 가지 압박감을 느끼게 되고, 동시에 무언가 다른 대안은 없는지 정말로 절실하게 고민하게 되니까 말이다.

이러한 이유로 우리는 개인적, 국가적 고민으로서 교육 정책에 대해 여러 가지 기대를 한다. 물론 어떤 정책이나 대안이 나온다 한들 개개인의 기호나 요구를 모두 충족시킬 수는 없다. 나름대로 최선의 정책을 선정한다 하더라도 현장에 와서 변질되기도 하고, 현실의 벽에 부딪혀 여러 질타를 받기도 하기 때문이다.

하지만 새로운 시도나 정책을 시행하기도 전에 부정적인 시각으로만 바라본다면, 새로움이 던져 줄 수 있는 화두나 긍정적인 변화는 사라지고 현상 유지만 계속될 뿐이다. 이런 상황에서라면 교육적 발전은 더더욱 기대할 수 없다. 이런저런 생각을 머릿속에 그리고 있을 즈음, 현장에서 접하게 된 정책 중 하나가 바로 자유학기제였다.

새로운 것에 대한 상상은 즐겁다

나는 평범한 교사이자 학부모이다. 그렇기 때문에 자유학기제에 대해 조금은 더 진솔한 이야기를 할 수 있지 않나 싶다.

처음 자유학기제 TF팀 제안을 받았을 때, 왜 내가 특별한 소신도 없이 이 일을 해야 되는가, 스스로 의구심을 안은 채 업무 연계성 차원에서 시작하게 되었다. 한 학기 동안 자유학기를 운영하면서 아이들의 꿈과 끼를 찾는다는 것이 과연 가능한 발상이란 말인가? 우스갯소리로 '나도 아직 내 꿈을 찾지 못하고 있는데, 한 학기 만에 무슨…….'이라는 생각이 앞서기도 했다.

원래 2학년 수업을 담당하면서 1학년 수업은 2시간 정도만 지원하고 있었기에, 사실 나와 크게 관련 없는 일이라는 생각도 마음속 큰 부분을 차지하고 있었던 것 같다.

어쨌든 1학년 수업과 업무 연계가 있었기에, 나 역시 자유학기제에 참여하게 되었다. 그런데 자유학기제에 대한 설명을 듣고 있자니 점차 긍정적인 상황을 기대할 수 있을 것 같아 관심이 가기 시작했다.

자유학기제는 말 그대로 '각 학교가 시험 부담 없이 자유롭게 학기를 운영하면서 아이들의 꿈과 재능을 키워 줄 수 있는 새로운 교육을 펼치는 것'인데, 그중 선택 프로그램이라는 말 속에서 희망이 엿보였기 때문이다. 아이들의 꿈과 끼를 키워 주겠다는 자유학기제의 취지에 맞게, 최소한 동기 부여의 기회라도 줄 수 있을 것 같다는 생각이 들었다.

자유학기제를 준비하면서 '아이들이 즐겁게 활동할 수 있는 프로그램을 시도해 보면 좋겠네. 좀 더 깊이 있게 접근하면 관련 자격증까지 취득할 수도 있지 않을까? 나도 학창 시절에 이런 직업 체험 프로그램을 접해 보았더라면, 조금 더 다양한 꿈을 꿀 수 있지 않았을까?' 등등 많은 생각이 들었다. 새로운 것에 대한 상상은 언제나 즐겁다.

그러나 막상 현실은 그리 녹록지 않았다. 여유로울 것으로 생각했던 연구학교 지원 예산은 개설되는 선택 프로그램의 강사료로 대부분 지출되어야만 했고, 학생들이 원하는 선택

:: **학생들의 신청에 의해 개설된 12가지 선택 프로그램**

번호	선택 프로그램	번호	선택 프로그램
1	모의 창업	7	스마트폰 앱 개발
2	디자인	8	로봇 연구
3	애니메이션 제작	9	드라마와 광고
4	영화 영상 제작	10	요리 실습
5	바리스타	11	과학 탐구
6	목공예	12	보컬 트레이닝 및 실용 음악

프로그램을 개설할 만한 전문적인 강사를 구하는 일도 만만치 않았다.

뿐만 아니라, 당장 아이들이 활동해야 하는 공간과 시설, 기자재, 재료 등 여러 가지 환경이 확보되어야 하는데, 시간 내에 무리 없이 갖추기가 쉽지 않은 상황이었다. 게다가 소문으로만 듣고 섭외한 강사가 실제 현장에서 학생들을 잘 통솔하며 내실 있는 수업 진행을 할 수 있을지 고민이 되어 여러 선생님이 설왕설래하기에 이르렀다.

우여곡절 끝에 학생들이 원하는 12개의 선택 프로그램을 운영하게 되었는데, '바리스타'반, '영화 영상 제작'반, '모의 창업'반, '스마트폰 앱 개발'반, '보컬 트레이닝 및 실용 음악'반 등 나름 이름만 들어도 솔깃하고 기대가 되는 프로그램이었다.

우선 한 학기를 2분기로 나누고 1분기에 요일을 달리하여 두 개의 프로그램을 체험해서, 개인당 총 네 개의 프로그램을 체험해 볼 수 있도록 했다. 처음에는 하나의 프로그램을 한 학기 동안 깊이 있게 체험하게 하

1 요리 실습반. 2 바리스타반. 3 목공예반. 4 로봇 연구반.

자는 의견도 있었지만, 아직 어린 아이들이기에 여러 프로그램을 접하며 많은 경험을 해 보는 게 더 유익할 것이라고 판단했기 때문이다.

수업은 일단 하나의 프로그램에 선생님 한 명, 강사 한 명을 배정하기로 했다. 처음에는 많은 공간을 확보해서 한 반의 인원을 둘로 쪼개 프로그램을 운영해 볼 생각도 해 보았지만, 우수한 전문 강사 확보가 충분하지 않은 상황이라 포기하게 되었다. 프로그램 개수만 늘려 졸속으로 진행하기보다는 전문 강사의 수업과 선생님의 통솔력으로 안정감 있게 시작해 보자는 쪽으로 의견이 모아졌던 것이다. 또한 지역 사회의 협조가 여의치 않은 상황에서 외부 시설을 이용하지 못하고, 학교 내 시설만을 활용해야 한다는 점도 반을 늘리는 데 걸림돌이 되었다.

아무리 이러니저러니 해도 학교를 누비는 선생님들이 학생들과의 교류에서는 노련할 수밖에 없다. 아직은 전문적인 선택 프로그램의 숙련가일 수는 없는 선생님과, 다소 학생들의 통솔력이 부족할 수도 있는 전문 강사의 시너지 효과를 기대해 본 것이다.

생각할 수 있는 여유로움만으로도 행복해요

다행히 나도 1학년 전담은 아니었지만, 선택 프로그램을 하나 맡을 기회가 있었다. 바로 바리스타반! 매니아 수준까지는 아니지만, 평소에 커피를 좋아하기 때문에 기쁜 마음으로 시작하게 되었다. 커피 향기를 맡을 생각을 하니 수업 시간이 기다려지기도 했다.

하지만 그 기대는 첫 시간부터 예상치 못한 상황으로 흘러갔다. 대부분 학생들 스스로 선택 프로그램에 지원을 해서 구성된 반이지만, 일부는 다른 반에 지원했다가 인원이 넘치는 바람에 쫓겨나 차선의 수업에 배정된 학생들도 섞여 있었다. 그래서 그런지 수업에 대한 집중도나 흥미가 떨어지는 게 아닌가?

또한 강사 선생님은 전문적인 기술은 갖고 있지만, 십대 아이들의 특성이나 습관을 이해하지 못한 채 수업을 구성한 부분도 있었다. 그래서 강사 선생님이 직접 지도하고 있는 모둠 이외의 다른 모둠은 마냥 기다리기만 해야 하는 난감한 상황이 벌어졌다.

모든 학생이 수업 과정에 따라 동시에 모둠별 활동을 하면, 나도 거기에 동참해 관련 수업도 배우면서 강사 선생님과 함께 협업 수업을 할 줄 알았던 터라 상당히 당황스러웠다. 그렇다고 계속 같은 방식으로 수업을 진행할 수는 없는 노릇이었다.

하나의 모둠이 지도를 받고 있는 동안 다른 모둠이 특별한 활동 없이 마냥 기다리거나 동영상을 이용한 수업으로 활동을 대체하는 건 분명 '활동 위주의 선택 프로그램'이라는 취지에 맞지 않는 일이었기 때문이다.

내가 문제 제기를 하자, 강사 선생님은 불을 써 가면서 뜨거운 물이나 우유를 다루어야 하는 활동이라 아이들끼리 하도록 내버려 두기에 곤란하단다. 물론 일리가 있는 말이다. 하지만 90분에 해당하는 수업을 한두 가지 활동으로만 구성하기에는 너무 느슨한 감이 없지 않았고, 위험하지 않은 활동을 엮어서 수업의 질과 다양성을 높이고자 했던 내 입장에서는 아쉬운 마음이 들었다.

힘들게 첫 수업을 마친 후, 강사 선생님과 선택 프로그램 담당 선생님에게 내 생각을 전달해 문제점을 고치기로 했다. 담당 선생님은 수업에 직접 참여하지는 않았지만 아이들 입장에서 좋은 프로그램으로 진행이 될 수 있도록 애를 써 주어서, 강사 선생님과 함께 프로그램의 방향에 대해서 논의할 때 여러 번 도움을 받았다.

그러나 곰곰이 생각해 보니, 수업 내용이나 진행 과정을 오롯이 강사 선생님에게만 맡겼던 나에게도 문제가 있다는 것을 깨닫게 되었다. 분명히 협업 수업임에도 불구하고, 선택 프로그램에 대한 전문가가 아니라는 이유만으로 나 스스로를 보조적인 역할로만 생각하고 있었던 것이다.

미리 강사 선생님과 수업 내용에 대해 충분히 상의하고 함께 프로그램을 구성했더라면, 이런 상황도 충분히 예측할 수 있지 않았을까 하는 자책

을 하게 되었다. 수업 시간마다 교감 선생님도 아닌 내가 뭐라고 이렇게 끊임없이 강사 선생님에게 싫은 소리를 해야 하나 하는 마음에 속이 상하기도 했고, 한편으로는 나를 만난 강사 선생님에게 미안한 마음도 들었다.

하지만 수업의 완성도를 높이기 위해서 끊임없이 상의하고 수정하는 과정이 반드시 필요하다는 생각이 들었고, 여러 차례 제안하고 의논하다 보니 차츰 수업의 질도 좋아지기 시작했다.

다행히 2분기에는 제법 다양한 내용으로 수업이 구성되었다. 강사 선생님도 꼭 개별 지도가 필요할 만큼 주의를 요하는 활동 이외에는 여러 가지 활동을 모둠별로 동시에 진행하게 하였다. 결과적으로 다음 활동을 기다리고 있을 필요가 없어졌고, 그 덕분에 프로그램 참여도가 높아졌다. 학생 만족도 조사 결과, 하반기 만족도가 더 높았다는 사실도 초반에 이런 시행착오를 겪었기 때문일 것이다.

선택 프로그램 수업을 진행해 보니, 생각보다 본 수업에 비해 정신적으로 육체적으로 부담이 되기도 하고 힘들기도 했다. 다른 선생님들은 무난히 진행하는 것 같은데 나만 왜 불평불만이 많은가 하는 생각도 들었지만, 바리스타반처럼 강사 선생님의 섬세한 개별 지도가 필요했던 영화 영상 제작반, 요리 실습반, 스마트폰 앱 개발반 등도 비슷한 어려움을 호소했다.

그러나 모든 선택 프로그램이 혹평을 받은 건 아니다. 디자인반이나 보컬 트레이닝반, 애니메이션 제작반 등은 강사 만족도가 높다 보니 협업 수업을 하신 선생님이나 수업을 받은 학생들의 호응도가 높아 좋은 선택

:: **상반기 선택 프로그램 6주간 만족도 조사(1학년 전 학급 대상)**

문항	전혀 그렇지 않다	그렇지 않다	보통이다	그렇다	매우 그렇다
1. 나는 이번 선택 프로그램에 적극적으로 성실하게 참여했다.	1.2%	2.2%	16.6%	33.8%	46.2%
2. 이번 선택 프로그램이 나의 흥미와 적성을 찾는 데 도움이 되었다.	3.2%	5.5%	25.9%	30.7%	34.7%
3. 이번 선택 프로그램이 나의 진로를 생각하는 데 도움이 되었다.	3.8%	6.6%	27%	30.4%	32.2%
4. 이번 선택 프로그램을 친구에게 권하고 싶다.	5.1%	5.1%	20.8%	25.7%	43.3%

:: **하반기 선택 프로그램 6주간 만족도 조사(1학년 전 학급 대상)**

문항	전혀 그렇지 않다	그렇지 않다	보통이다	그렇다	매우 그렇다
1. 나는 이번 선택 프로그램에 적극적으로 성실하게 참여했다.	1.0%	0.9%	12.9%	32.4%	52.8%
2. 이번 선택 프로그램이 나의 흥미와 적성을 찾는 데 도움이 되었다.	3.1%	3.8%	23.6%	29.2%	40.3%
3. 이번 선택 프로그램이 나의 진로를 생각하는 데 도움이 되었다.	3.2%	5.0%	23.7%	27.3%	40.8%
4. 이번 선택 프로그램을 친구에게 권하고 싶다.	3.57%	3.8%	18.5%	26.5%	47.6%

프로그램으로 인정받았다.

하지만 나의 다소 깐깐한 평가와는 달리, 아이들의 평가는 대부분의 선택 프로그램에 호의적이었다. 순간, 나는 엄격하게 굴었던 내 판단이 잘못된 것은 아닌가 하고 당황하며 지나온 과정을 되짚어 보기도 했다.

바쁜 일정 탓에 방과 후에는 만날 수 없었던 친구들과 원하는 프로그램 안에서 함께 활동하는 순간을, 아이들은 나름 행복해했던 것이 아닐까?

하지만 수업이라는 이름을 걸고 있는 이상, 계획된 자유로움이 아니면 뭔가 찜찜하고 무책임하게 느낄 수밖에 없음은 어쩔 수 없는 선생님의 직업병이기도 하다. 그래서 그런지 잘 짜여진 수업 안에서 아이들이 자유롭게 활동하는 수업이 최상의 선택 프로그램이라는 생각이 든다. 단순히 시간 때우기 식의 어영부영하는 수업은 학생이나 학부모 입장에서 속상한 일임이 분명하기 때문이다.

더 나은 방향으로 나아가기 위해

막상 선택 프로그램을 시행하고 보니, 프로그램이 성공하려면 처음 기대했던 것보다 현실적인 지원 문제가 시급하다는 사실을 다시 한 번 느끼게 되었다. 프로그램당 인원수를 줄여야 한다든지, 질 좋은 강사를 섭외해야 한다든지 등 한 학기 동안 고민했던 문제점들은 결국 경제적인 지원과 직결된다. 그러다 보니 자유학기제가 전국적으로 시행될 때 적절한 예산 지원이 가능한 것인지, 고개를 갸웃할 수밖에 없었다.

따져 보면 자유학기제가 전국적으로 시행될 때까지 남은 시간은 생각보다 많지 않다. 이제 교육 수요자들은 어리석지도 순진하지도 않다. 평가에 익숙하고, 비판하는 문화에 자연스럽다. 부끄럽지 않으려면 부끄럽지 않은 대비를 해야 하지 않을까?

자유학기제 연구학교를 경험하면서 문득 이런 생각이 들었다. 몇 년 뒤면 자연스럽게 학생 수가 줄어 학급당 인원이 줄어든다는데, 거기에 대한 대비책을 선택 프로그램에서 찾을 수 있겠다는 희망! 하지만 선택 프로그램의 장점을 극대화하여 학생 개개인을 위한 수요자 중심의 수업을 완성하려면 여러 가지 진정성 있는 고민이 절실하다.

첫째, 양질의 강사 확보이다. 국가 차원의 교육 정책인 만큼 강사 수급의 문제를 개별 학교만의 책임으로 생각할 일은 아닌 듯하다. 국가적 차원의 전문적인 강사 조직을 육성하여 언제든지 학교 현장에서 원하는 강사를 수급할 수 있도록 강사진을 구축해야 한다.

전문 강사를 육성해 관리하는 일만큼 시급한 것이 전문성을 갖춘 학교 선생님들을 육성하는 일이다. 하지만 갑자기 선택 프로그램에 대한 전문성을 키우라고만 강요한다면, 여기저기에서 어려움을 호소하는 목소리가 높아질 것이다. 따라서 전문성을 갖춘 연수가 필요하다. 전문성 있는 연수란 형식적인 연수가 아니라, 몇 달이 되든 간에 몰입식 연수를 통해 1인 1특기를 제대로 계발하여 향후 담당 선생님이 선택 프로그램의 전 과정을 소화할 수 있도록 만드는 것을 말한다.

이렇게 학교 선생님이 전담하는 선택 프로그램을 개설한다면, 한 프로그램에 한 명의 강사로 충분하기에 프로그램당 학생 수도 줄일 수 있다. 이는 수업의 질 향상으로 이어질 것이 틀림없다. 바리스타반만 보더라도 프로그램당 인원수가 적었더라면 훨씬 더 다양한 프로그램을 동시에 진행할 수 있었을 것이다.

둘째, 학생 중심으로 프로그램이 선정되어야 한다. 프로그램 자체가 선정의 편의성이나 강사 수급의 용이성 등을 일차적으로 고려하여 임기응변식으로 구성될 경우, 시작부터 실패한 프로그램이 될 수밖에 없다.

동시에 아이들이 원하는 프로그램 위주로 구성한다는 기본적인 취지를 지키면서, 과연 아이들에게 유용한 프로그램인지도 진지하게 고민해야 한다. 과연 이 프로그램은 아이들의 꿈과 끼를 키우는 데 도움이 될까? 최소한 동기 유발을 줄 수는 있을까? 이런 질문을 끊임없이 던져야 한다. 선생님으로서 양심을 갖고, 위의 질문들에 부합하는 선택 프로그램을 구성할 수 있도록 노력해야 할 것이다.

셋째, 선정된 선택 프로그램 특성에 맞게 관련 자료를 끊임없이 연구·개발해야 한다. 특히 교과 관련 선택 프로그램의 경우, 심화 학습이나 전문적인 활동 위주로 수업이 가능하도록 각종 멀티미디어 자료, 실제 수업 시연이 담긴 동영상 자료 등을 연구·개발하여 해당 선생님들에게 제공하면 상당히 유용할 것이다. 아마도 급하게 선택 프로그램을 시행해야 하는 학교에서는 가장 현실적인 자가 연수 방법이 되리라 생각된다. 물론 이러한 수업 과정을 연구하는 팀이 해당 과목 선생님으로 구성된다면, 실행 가능성은 더욱 높아질 것이다.

넷째, 공간이 확보되어야 한다. 잠실중학교의 경우 여러 가지 교육적인 환경이 뒷받침되는 핵심 학교 중 하나이기 때문에, 물리적인 환경이 좋을 것으로 예상하는 사람들이 많다.

하지만 현장은 생각보다 열악하다. 시설의 현대화까지는 어렵다고 치자. 그렇지만 활동이나 실습 위주의 수업을 진행하려면, 공간 확보조차 여의치 않다. 또한 공간이 확보된다고 하더라도 관련 프로그램에 적합한 시설로 사용하기 곤란한 경우가 다반사다. 요리 실습을 제대로 하려면 다양한 요리 시설이 제대로 갖추어져야 하고, 영화 영상을 제대로 제작하려면 스튜디오를 흉내라도 낸 간이 시설이 있어야 한다.

실제 우리 학교의 선택 프로그램을 구성할 때 일이다. 많이 움직일 기회가 없는 아이들을 위해 전문화된 운동 프로그램을 만들고 싶었지만 강당조차 없는 학교의 현실, 그리고 지역 사회 시설 사용에 대한 협조마저도 부정적이었기에 희망 사항으로 그치고 말았다.

다섯째, 피드백 과정에서 스스로 자기만족에 빠지지 않아야만 한다. 자칫 연구학교의 성과에 급급해 결과만 놓고 잘했다고 말하는 학교 현장이 되어서는 곤란하다.

부정적인 시각으로만 바라보라는 것이 아니다. 정책을 시행하기 전 시험적인 연구 대상에 오른 학교는 실험 정신에 입각해 과감한 도전을 하되, 그 결과에 대해 아전인수식 평가를 하는 것만은 피하자는 이야기이다. 오히려 냉철하게 스스로를 점검하여 장단점을 파악하고, 각 학교로 일반화시킬 수 있는 좋은 자료를 만들어 유용한 길잡이 역할을 해야 한다.

물론 이러한 자유로운 평가가 가능하려면, 상급 기관의 냉철한 판단과 연구학교 운영에 대한 분명한 목적 제시가 필요하다. 말 그대로 연구학교이기 때문에 운영 과정의 장점을 많이 찾아내는 학교만큼, 문제점을 많이 찾아내는 학교에 대해서도 충분히 격려해야 할 일이다. 다행히 관련자 모두 열린 마음으로 회의를 진행하고 있다는 점에서 긍정적인 변화의 징조가 느껴지고 있다.

행복한 자유의 박탈을 꿈꾸며

때때로 불만이 느껴지기도 하고 해결되지 않은 문제점들도 눈에 띄지만, 반면에 희망의 메시지를 담고 있는 새로운 교육 정책 '자유학기제'.

자유학기제의 성공 여부는 단시간 내에 판단할 수 없는 일이고, 학교라는 테두리 안에서 이루어지는 선택적인 경험을 통해 아이들의 꿈과 끼를 한 번에 찾을 수 있는 것도 아니다.

다만 아이들의 학창 시절에 쉼표를 한 번 찍으면서 '최소한 아이들이 생각할 기회는 가질 수 있도록 만들자'는 취지를 살릴 수만 있다면 성공이 아닐까 하는 생각이 든다. 열정적인 선생님들의 내실 있는 고민으로 천천히, 그러나 게으르지 않게 시행해서 요란한 스포트라이트를 받는 반짝 스타가 되지 않기를 진심으로 바란다.

불행하게도 자유학기제가 제대로 시행되려면 담당 선생님들의 자유는 없을지도 모르겠다. 실제 토론 수업이나 모둠 수업을 하고 나면, 기존의 강의식 수업보다 훨씬 큰 피로가 느껴진다. 수업이라는 틀을 깨지 않으면서 아이들에게 자유를 주려면 선생님의 통솔력이 무엇보다 중요하기 때문이다.

뿐만 아니라 아이들 활동 하나하나에 대해 정교한 지도가 필요하고, 사전 준비나 작업 역시 더 철저해야만 수업을 성공적으로 진행할 수 있다. 평소에 진행하는 수업만 해도 이렇게 변화가 큰데, 선택 프로그램의 경우에 더 말하면 무엇하겠는가?

단순히 시험이 없고 자유로워 보이는 활동이 많아졌기에 선생님들이 편할 거라고 생각하는 일부 시선은 안타깝다. 시험이 없는 자유로움 속에서 아이들을 이끌고 지도해 나간다는 것은 결코 쉬운 일이 아니니까. 자유학기제가 선생님들에게도 '행복한' 자유의 박탈로 이어지기를 다시 한 번 간절히 기대한다.

이런 일도 있어요!

자유학기제,
내 생각은 이래요!

::잠실중학교 1학년 OOO

자유학기제의 좋은 점

내가 선택한 프로그램인 요리 실습반, 애니메이션 제작반, 목공예반, 드라마와 광고반 등이 처음에는 내 미래의 희망 직업인 의사와 무관하다고 생각했다. 그러나 수업을 듣다 보니 목공예는 차분함을, 드라마와 광고는 섬세함을 길러 주었던 것 같다.

이 때문인지는 몰라도 요즘에는 보이는 그대로를 바라보기보다, 그 내면을 한 번 더 살펴보게 된다. 나중에 내가 환자를 진료할 때, 차분한 마음가짐과 내면을 바라보는 섬세함을 동시에 가질 수 있을 것 같다.

자유학기제에 바란다

전문 강사 선생님이 가르치기 때문에 한 분야에 대해 자세하게 알 수 있었지만, 수업에 대한 집중도가 떨어지는 프로그램이 있어서 다소 아쉬웠다. 좀 더 다양하고 전문적인 프로그램을 경험하고 싶고, 학생들이 원하는 직업 관련 프로그램도 개설되었으면 좋겠다.

내가 경험한 자유학기제

:: 잠실중학교 1학년 학부모 OOO

자유학기제의 좋은 점

학생들이 시험과 경쟁이라는 스트레스에서 벗어나 한 한기 동안 다양한 체험을 통해 자신의 적성과 소질을 알아볼 수 있어서 긍정적이었다.

실제 우리 아이가 프로그램에 직접 참여한 걸 보니, 희망 직업을 체험하는 동안 다양한 프로젝트를 통해 협업 능력이 조금씩 발전하는 모습을 발견할 수 있었다. 또 친구들과 함께 활동 위주의 수업을 한다는 것 자체를 행복해하는 것 같아 내 마음도 즐거웠다.

자유학기제에 바란다

활동 위주의 수업을 하기에는 한 프로그램에 참여한 인원이 너무 많고, 자신이 원하지 않는 프로그램에 참여해야 하는 경우도 있었다. 다양한 직업 프로그램을 개발하여 학생들에게 취미보다 진로를 깊이 고민하도록 만들고, 현실감 있는 직업 체험 기회가 더 많았으면 좋겠다.

나아가 선택 프로그램 자체가 학교 교육의 질을 높이는 계기가 되기를 바란다. 그러기 위해서는 선생님이 수업에만 집중할 수 있어야 할 것이다.

Chapter 3

쿠키로 사랑을 전해요

경남 창덕중학교 | **이종수**

창덕중학교는 경남 창원시 동읍에 있으며, 오랜 전통을 지닌 학교이다. 동양 최대의 철새 도래지로 알려진 주남저수지 근처에 있다. 한때 소규모 학급으로 줄어들기도 했지만, 최근에 유입 인구가 늘어나면서 21학급 650여 명의 학생들이 재학하고 있는 중급 규모의 학교이다. 많은 학부모들의 경제 활동이 인근 도시 지역을 중심으로 이루어지고, 지역의 특성상 사교육 시설이 많지 않아 상대적으로 공교육에 대한 관심과 의존도가 높은 것이 특징이다. 32명의 교사 모두를 포함한 운영팀을 꾸렸으며, 심지어 1학년 학부모 두 명이 선택 프로그램을 맡아 운영할 정도로 교육 공동체 모두가 자유학기제 운영에 적극적으로 참여하였다.

자유학기제, 그리고 LTI 프로젝트

"시험을 치르지 않는다면, 과연 아이들이 수업에 집중할까요?"

"그나마 시험이 있어서 억지 공부라도 하는 건데……."

"우리 학교가 새로운 교육 정책의 실험실이 될 필요는 없지 않을까요?"

2013년 봄, 우리는 불안과 우려를 가득 안고 자유학기제라는 새로운 교육 과정에 대해 이야기하고 있었다. 대부분의 선생님들은 이 새로운 시도가 성공하기 어렵다거나, 혹은 시도할 필요가 없다는 입장이었다.

"그래도 교실 붕괴, 학교 붕괴라고 하는 이 상황을 극복하기 위해서라면 무엇인가 새로운 시도에 도전해 볼 의미는 있지 않을까요?"

"시험이나 평가는 학습의 연장이라고 하지만, 현재 우리 현실은 평가가 학습의 종료를 의미하고 있지 않습니까? 심지어 아이들은 OMR 카드를 제출하면서, 그동안 배운 내용도 함께 제출해 버린다고 하니까요."

자유학기제는 새로운 도전이기에 험한 땅에 새로운 길을 내는 것과 같이 힘든 일이라는 건 분명해 보였지만, 지금 우리가 처한 학교 현장을 변화시켜야 한다는 당위성에 대해서는 모두가 공유하고 있었던 모양이다.

그러던 어느 날, 1학년 부장 선생님이 한 권의 책을 가져왔다. 《학교, 기성복을 벗다》라는 미국 매트스쿨의 혁신적인 교육 과정에 대한 사례를 소개하는 책이었다. 처음에는 큰 기대 없이 책을 펼쳤는데, 책을 읽고 토론하는 과정에서 그동안 형상조차 보이지 않던 자유학기제의 그림이 서서히 그려지는 걸 느낄 수 있었다.

미국 매트스쿨에서 처음으로 시도되었고, 우리나라 태봉고등학교에서 효율적으로 운영하고 있는 LTI(Learning Trough Internships) 프로젝트 학습에 대한 이야기는 우리가 가야 할 길을 일러 주고 있었다.

부푼 희망으로 찾아간 태봉고등학교에서 교장 선생님과 프로젝트 학습 담당 선생님을 만나 진심 어린 대화를 나누었다. 이날의 대화가 우리 학교에서 운영할 자유학기제의 기본 방향을 자리 잡게 해 주었다.

"흔들리지 않고 피는 꽃은 없습니다. 비록 순간적으로 흔들릴지라도, 더 큰 여유를 갖고 아이들의 흔들리는 걸음도 아름답게 바라봐 주시기 바랍니다."

태봉고등학교 교장 선생님의 응원은 자유학기제를 준비하는 우리들에게 최고의 응원이 되었다.

쿠키 소녀들과의 만남

2학기가 되면서 힘들게 준비한 자유학기제가 드디어 시작되었다. 안팎의 많은 우려와는 달리 새롭게 시작한 선택 프로그램과 꿈 동아리 활동에 아이들이 매우 행복해하는 모습을 볼 수 있었다. 1학기와는 달리 아이들의 얼굴에 웃음이 피어나기 시작했고, 생기가 도는 느낌이었다. 한마디로 기대 이상이었다.

목요일 오후 시간에 운영되는 꿈 동아리 활동이 어느 정도 자리를 잡아 갈 때, 드디어 야심차게 준비한 LTI 프로젝트 학습을 시작했다. 먼저 아이들에게 LTI 프로젝트 학습에 대해 설명하고 신청서를 배부했다.

"너무 많은 아이들이 신청하면 어떻게 처리하지?"

이런 행복한 고민을 하면서…….

많은 아이들이 프로그램에 관심을 보이면서 교무실로 찾아와 질문도 하고 친구들끼리 서로 의논하기도 했지만, 스스로 학습 과제와 학습 방법을 정해야 한다는 사실에 선뜻 도전하는 아이들이 많지 않았다. 아마도 아이들은 아직 자신들에게 주어진 자유를 온전히 누리기에 부담이 컸던 모양이다.

그러던 어느 날, 세 아이가 교무실로 찾아와서 상담을 요청했다. 쿠키 소녀들과의 첫 만남은 그렇게 인상 깊은 편이 아니었다. 어려운 이웃을 돕는 사회 복지사가 꿈인 하경이, 제과 제빵사가 꿈인 재현이, 그리고 이들과 단짝 친구로서 모든 활동을 함께하고 싶어 하는 민경이. 세 소녀가

여기서 잠깐!

특별한 동아리 활동, '꿈 동아리'

창덕중학교의 동아리 활동은 기존의 취미나 특기, 적성 위주로 구성된 동아리가 아닌, 학생들의 진로에 대한 희망별로 구성된 특별한 동아리를 운영하고 있다.

'꿈 동아리'는 희망 진로 직업이 같은 아이들끼리 동아리를 만들고, 아이들과 함께 활동할 길잡이 선생님과 자원봉사 학부모, 희망 진로 분야의 외부 전문가인 멘토와 함께하는 활동이다. 매주 목요일 오후 시간에 멘토의 직장을 방문하기도 하고, 전문가 멘토가 학교로 와서 해당 분야의 다양한 경험담을 들려주기도 한다.

모든 1학년 학생들이 참여하여 적게는 4명, 많게는 22명으로 구성된 15개의 꿈 동아리가 활발한 활동을 했는데, 각 동아리의 명칭은 아이들이 스스로 정할 수 있게 열어 놓았다. 그 결과 법관 동아리 '솔로몬의 선택', 의료 동아리 '히포팅게일', 군인 동아리 '진짜 사나이', 미용 동아리 '프리스타일' 등 창의성이 반영된 재미있는 동아리 이름이 만들어졌다.

꿈 동아리를 구성하면서 학습 도움실(특수 학급)에 있는 광수와 찬희가 활동할 수 있는 동아리가 없다는 점이 문제가 되었다. 하지만 도움실 담당 선생님이 도우미 학생과 함께 '자립 요리터'라는 동아리를 만들었다. 그리고 동아리 활동 목표를 '이번 기회에 아이들이 스스로의 힘으로 라면이라도 끓일 수 있도록 하는 것'으로 정했다. 학년이 마무리되는 시기에 열린 학교 축제 기간, 우리는 자립 요리터 동아리의 광수와 찬희가 만든 음식으로 인기 있는 먹거리 장터를 운영했다.

:: **진로 희망별 꿈 동아리 구성 사례**

동아리명	관련 직업 내용	길잡이 교사	외부 전문가 멘토	인원
씨알 농부	농업 체험	최명종	윤○○(농업지도사)	19
청자의 꿈	도자기 만들기	최현숙	오○○(도예가)	14
진짜 사나이	직업 군인의 세계	주재표	권○○(정훈장교)	20
안전 지킴이	경찰 공무원	이택동	류○○(경찰관)	22
요리조리 세상 엿보기	요리사, 조리사	김희정	조○○(영양사)	15
디자인 세상	미술, 만화, 디자인	허필순	조○○(디자이너)	15
프리스타일	미용사	김윤희	조○○(교사)	22
내가 사는 집	건축사	박미경	박○○(건축가)	14
기계 공업 도시의 아이들	기계 설계, 연구원	김동기	강○○(기계정비사)	16
자립 요리터	사회 봉사, 복지사	임태수	이○○(영양사)	4
솔로몬의 선택	법관	김혜경	황○○(변호사)	19
히포팅게일	의사, 간호사	윤미경	하○○(병원장)	15
아이 사랑	유아 교육	오현미	최○○(유치원장)	17
스포츠 스타	스포츠 메니지먼트	박태희	김○○(대학교수)	18
정론 직필	신문, 방송 기자	이종수	김○○(신문기자)	6

원하는 학습 과제에서 뚜렷한 공통점을 찾기가 어려웠기 때문이리라.

사실 아이들도 쿠키를 만들어 어려운 이웃을 돕고 싶다는 어렴풋한 방향은 정해 놓았지만, 명확한 활동 목표가 없었고 그 학습 과제를 진행할 수 있는 방법 또한 아직 알아내지 못한 상황이었다.

"학교 가까운 곳에 있는 빵집에 도움을 청해 보는 것은 어떨까?"

"에이, 그분들이 왜 저희를 도와주겠어요?"

"그래도 한번 도전해 봐. 학교 가까운 곳부터 찾아가 볼래?"

"알겠어요. 일단 선생님 말씀대로 해 볼게요."

그렇게 쿠키 소녀들과의 첫 번째 만남이 마무리되었다.

신청서를 받아 간 하경이, 재현이, 민경이는 다음 날, 또 그다음 날이 되어도 신청서를 제출하지 않았다. 학교에서 한 번씩 마주칠 때도 아무런 말이 없었다. 그렇게 프로젝트 학습 신청을 포기한 것으로 여기고 있던 어느 날, 아이들이 싱글벙글 웃음 가득한 얼굴로 자랑스럽게 신청서를 들고 교무실로 찾아왔다.

"저희 활동을 도와줄 수 있는 곳을 찾기 위해서 학교 근처 빵집을 모두 찾아갔는데, 하나같이 어렵다고 해서 사실 포기하려 했거든요."

"그런데 집 근처에 있는 빠네뜨리아 제과점 왕 셰프 아저씨께서 도와 주시기로 하셨어요."

"이번 주 목요일부터 쿠키 만드는 법을 가르쳐 주신대요."

"이번 주부터 저희도 LTI 프로젝트 학습을 할 수 있는 거예요?"

내가 말도 꺼내기 전에, 아니 애당초 내 이야기는 들을 생각도 없었다는 듯이 아이들은 자신들이 할 말만, 숨도 제대로 쉬지 않으면서 쏟아 내고는 돌아가 버렸다. 그 아이들의 얼굴에서 즐거움과 함께 미지의 세계로 출발하는 여행가의 설렘이 엿보였다.

다음 날 아이들이 제출한 신청서를 갖고 학부모 상담을 했다. 아이들이 하고자 하는 프로젝트 학습의 목적과 운영 방법에 대하여 함께 의논을 했고, 그 과정에서 학부모님들이 확인하고 도와주어야 할 것에 대해 논의하였다. 그리고 흔쾌히 아이들을 도와주기로 결정한 왕 셰프와도 만나 보았다.

아이들이 제출한 LTI 프로젝트 학습의 제목은 '쿠키로 사랑을 전해요'였다. 물론 아이들이 제출한 학습 신청서에는 아직 부족한 점이 많았다. 가장 부족한 건 프로젝트 학습의 핵심이라 할 수 있는 구체적인 활동 목표와 자기들이 추진하고자 하는 사랑 나눔의 방향이 보이지 않는다는 점이었다. 하지만 스스로 자라는 나무처럼, 아이들 역시 프로젝트 활동을 수행

여기서 잠깐!

스스로 꿈을 디자인하는 LTI 프로젝트 학습

아이들의 꿈은 아이들의 수만큼이나 다양하다. 이처럼 다양한 아이들의 꿈을 응원하기 위해 다채로운 진로 탐색 및 체험의 기회를 제공해야 하지만, 현실적인 벽이 높은 것도 사실이다. 이런 고민을 해결하기 위해 개인별 LTI 프로젝트 학습을 운영하기로 했다.

LTI 프로젝트 학습은 기본적으로 학생 스스로 학습 주제와 방법을 선정하고, 선생님과 부모님, 외부 전문가인 멘토의 도움을 받아 자신이 계획한 학습 과제를 수행하는 프로그램이다. 학생들의 발달 단계를 고려해 볼 때 중학교 과정에서 실현이 어려운 학습 방법임에는 분명하지만, 자유학기제의 기본 취지와 접점이 많기에 좋은 결과가 있을 거라고 믿고 시작했다.

LTI 프로젝트는 무엇인가를 달성하는 것이 목표가 아니라, 스스로 학습 과제와 방법을 정하고 수행해 가는 과정 자체가 목표이다. 물론 과정 중에 길잡이 교사와 학부모, 멘토의 도움을 받을 수 있도록 구성했고, 스스로 자신이 계획했던 학습 목표에 도달했다고 판단하거나 더 이상 학습 과제를 수행하기 어렵다고 판단할 때에는 언제든지 다시 '꿈 동아리' 활동으로 복귀할 수 있도록 안전장치를 설계해 두었다. 따라서 학생들은 실패를 두려워하지 않고 일단 도전장을 내밀어 볼 수 있었다.

LTI 프로젝트는 특정 지식이나 기술을 얻기보다는, 자기 관리 능력(책임감, 사회적 관계, 자기 존중 등)과 사고력(논리력, 아이디어, 학습 전략 세우기, 시간 관리 능력 등) 향상을 목표로 진행했다.

하면서 목표와 방향도 동시에 찾아낼 수 있을 것이라는 믿음이 생겼다.

그렇게 쿠키 소녀들의 LTI 프로젝트 학습이 시작되었다.

생애 최초의 쿠키

프로젝트 학습 첫날, 아이들은 왕 셰프의 빠네뜨리아에서 쿠키 만드는 법을 배웠다. 마가린과 설탕을 녹여서 계란과 중력분, 아몬드 가루, 코코아 분말, 베이킹파우더를 넣어 반죽을 만들고, 완성된 반죽을 적당한 크기로 둥글게 모양을 낸 뒤 오븐에 넣고 구워 맛있는 쿠키를 완성했다.

쿠키를 만드는 과정은 생각보다 어렵지 않았고, 갓 나온 쿠키는 생각보다 맛있었다. 어쨌든 아이들은 스스로 생애 최초로 쿠키를 만들었다! 하지만 아이들은 자신들이 만든 쿠키에 온전히 자신감을 갖지 못했던 모양이다. 자신들만의 힘으로 만들어진 것이 아니라, 왕 셰프의 도움으로 완성된 쿠키라고 생각한 것이었을까?

프로젝트 학습이 진행되면서 아이들은 다양한 쿠키를 만들어 냈다. 첫날에는 초콜릿 쿠키만을 만들었지만, 아이들은 빠네뜨리아에서 배운 조리법을 기본으로 커피 쿠키, 녹차 쿠키 등 다양한 쿠키를 만들었다. 쿠키는 재료의 배합에 따라 아주 다양한 맛을 낼 수 있다는 사실을 알게 되었고, 자신들의 힘으로 다양한 종류의 쿠키를 만들 수 있음을 알게 되자 아이들의 눈빛은 그 어느 때보다도 반짝거리기 시작했다.

그리고 다음 날, 나는 출근과 동시에 책상 위에 예쁘게 포장된 세 개의

쿠키를 발견할 수 있었다. 복도에서 마주친 아이들은 웃으면서 나에게 수다를 떨었다.

"저희가 만든 쿠키예요! 맛은 어때요?"

"우아, 잘 만들었더라. 진짜 맛나게 잘 먹었어. 다음에도 부탁해!"

아이들에게 그렇게 이야기했지만, 쿠키 소녀들이 준 첫 번째 쿠키는 아직도 우리 집 내 책상 위에 고스란히 놓여 있다. 아마 이후로도 먹기는 어려울 듯하다. 나에게는 아이들의 노력과 추억이 담긴 최초의 쿠키를 날름 먹어 버릴 용기가 없기 때문이다.

흔들리는 우정

쿠키 만들기에 성공한 아이들이 드디어 아름다운 홀로서기를 시도했다. 왕 셰프로부터 쿠키 만드는 법을 배운 아이들이 스스로 쿠키 만들기에 도전했던 것이다.

그렇게 시도한 첫 번째 홀로서기는 결과적으로 실패였다. 재료의 배합이 잘못되었는지, 반죽이 잘못되었는지, 아니면 오븐에서의 굽기가 잘못되었는지, 원인은 모르지만 쿠키가 제대로 부풀어 오르지 않아 크기는 너무 작고, 겉은 딱딱하고, 맛도 완전하지 않았던 것이다.

홀로서기 두 번째, 아이들은 지난번 실패의 원인을 재료 배합 및 반죽의 잘못 때문이라고 판단하고 이를 보완하여 세심하게 재료를 배합하고 정성들여 반죽을 했다. 다시 한 번 쿠키 만들기에 도전을 한 것이다.

하지만 이번에는 크기만 만족스러웠다. 적당하게 부풀어 오르긴 했지만, 부드럽지 못하고 딱딱한 쿠키가 만들어졌던 것이다. 두 번의 연속된 실패에 아이들은 상상 외로 크게 실망을 했던 것 같다. 그 원인을 친구 탓으로 돌리기 시작했고, 결국 서로 간의 다툼으로까지 번지게 되었다.

아이들이 LTI 프로젝트 학습을 포기하고 꿈 동아리 활동으로 다시 돌아가도 되는지 나에게 질문을 했던 때가 아마도 이즈음이었을 것이다. 연속된 실패와 뜻하지 않은 다툼은 프로젝트 학습의 포기뿐만 아니라, 그렇게 친했던 친구들의 우정까지도 송두리째 흔들어 놓았다.

꿈을 통해 더 큰 세상을 보다

쿠키 소녀들이 연속된 실패로 실망하고 서로 다투기까지 해서 힘들어하던 그 시기, 아이들의 마음을 하나로 만들어 주고 새롭게 프로젝트 학습을 진행할 수 있는 동기를 불어넣어 주었던 건 '초콜릿 수업'으로 이름 붙인 융합 수업이었다.

초콜릿 수업? 이름만 보면 먹는 수업 같지만, 사실 과학, 영어, 도덕 과 선생님이 함께 진행하는 융합 수업에 붙인 조금은 촌스러운 이름이다.

과학 시간에는 초콜릿을 녹이면서 물질의 융해에 대해 배우고, 이어지는 영어 시간에는 〈Do it yourself〉라는 단원에서 초콜릿을 이용한 쇼콜라티에 공예 수업을 원어민과 함께 진행하면서 자연스럽게 원어민과 대화를 하도록 유도하였다. 이렇게 아이들이 초콜릿의 달콤함에 완전히 빠져 있을 때, 세 번째 수업이 진행되었다.

이어지는 도덕 시간은 초콜릿의 원료인 카카오에 숨겨진 슬픈 이야기를 알려 주는 동영상 시청으로 시작되었다. 카카오 농장에서 벌어지는 어린이 노동 문제에 대해 알게 된 아이들은 상당한 문화적 충격을 받았던 것 같다. 자신들에게 달콤함으로 기억되는 초콜릿 속에, 같은 또래 아프리카 아이들의 아픈 눈물이 담겨져 있음을 알게 되었던 것이다.

아이들의 토론은 카카오 농장의 어린이 노동 문제에서 시작해 저개발 국가 어린이 노동 문제 전체에 대한 관심으로 확대되었고, 이러한 문제 해결을 위한 국제적 움직임인 '공정 무역'에 대한 학습으로 연결되었다.

수업의 처음 계획은 카카오 농장 어린이 노동 문제를 통해 더불어 사는 삶에 대한 고민으로 마무리하려고 했는데……. 하지만 아이들의 생각은 '저개발 국가의 어린이 노동 문제와 공정 무역'으로 확대되었고, 최종적으로는 모둠별로 자신들의 활동 내용을 소개하는 UCC 제작까지 하기

:: **LTI 프로젝트 학습 사례**

주제	활동 장소	외부 멘토
NAVER 도전 만화	가정	자율 활동
경찰 체험	창원 동읍파출소	정○○(경찰)
방송 제작자의 꿈	KNN 외	김○○(PD)
외교관의 꿈	가정	자율 활동
올림픽 메달리스트	카누 연습장	배○○(코치)
쿠키로 사랑을 전해요	빠네뜨리아	왕○○(제과점 사장)
경찰이 될래요	창원 서부경찰서	윤○○(경찰)
전자 제품 판매원	하이마트(상남점)	정○○(판매과장)
농구 선수가 되고 싶어요	학교, 만남의 광장	배○○(농구 코치)

로 결정되었다.

이 수업에서 쿠키 소녀들은 지금까지 자신들이 주 재료로 사용하던 초콜릿에 담긴 아픈 눈물을 UCC로 만들어 발표했다. 다른 모둠과는 달리 하나하나 그림을 그리고, 지점토로 인형을 만들어 사진을 찍은 다음, 스톱 모션 방식으로 만든 UCC였다. 비록 분량은 짧았지만, 쿠키 소녀들의 UCC는 다른 친구들에게 큰 감동을 주기에 충분했다.

융합 수업은 쿠키 소녀들의 프로젝트 학습에도 결정적인 영향을 주었다. 처음에는 자신들이 만든 쿠키를 팔아서 번 돈으로 어려운 이웃을 돕겠다는 어렴풋한 생각에서 시작했지만, 수업을 통해 아프리카에서 노동하는 어린이에게 도움을 주겠다는 구체적인 목표로 발전하게 되었다. 결국 쿠키 소녀들은 융합 수업을 계기로 프로젝트 학습의 새로운 시작점을 발견했던 것이다.

이후 쿠키 소녀들은 목요일 프로젝트 학습을 통해 만든 쿠키를 금요일 학교 친구들에게 판매하고, 그 수익금을 아프리카 저개발 국가 아이들을 위해 사용하겠다는 구체적인 목표를 세우게 되었다. 목표가 명확해진 쿠키 소녀들에게 작은 일은 더 이상 문제가 되지 않았다.

이후로는 서로 간에 작은 다툼이 있어도 프로젝트 학습을 포기하겠다는 말을 하지 않았다. 그리고 스스로 자신들의 활동에 도움이 될 수 있는 국제 봉사 단체를 적극적으로 찾아내는 모습까지 보였다.

흔들림 속에서 자라나는 나무가 된 아이들

11월 중순, 여러 번의 실패는 여전히 소녀들을 속상하게 만들었지만 목표가 명확해진 아이들의 도전은 즐거움 그 자체가 되었다. 그리고 마침내 쿠키 소녀들은 왕 셰프의 도움 없이도 만족할 정도의 쿠키를 만들어 내었고, 기쁜 마음에 쿠키를 들고 왕 셰프를 찾아갔다.

"너희가 만든 쿠키를 우리 가게에서 판매해도 되겠는걸!"

왕 셰프는 아이들에게 최고의 평점을 주었다.

쿠키 소녀들의 쿠키가 어느 정도 수준에 도달하고, 활동의 목적이 명확해지면서, 이 사실을 알게 된 친구들은 금요일이 되면 앞다투어 쿠키를 사 주었다.

선생님들도 쿠키 소녀들을 격려하기 시작하면서 처음에는 이삼십 개 정도에 그치던 쿠키 판매 숫자가 점차 늘어나, 어떤 때는 백 개가 넘는 쿠키가 판매되기도 했다.

11월 20일, 그동안 운영하던 자유학기제 연구학교 중간 보고회가 있는 날. 나는 쿠키 소녀들의 활동 모습을 다른 손님들에게 자랑하고 싶은 욕심이 생겼다. 그것도 보고회 전날 갑작스럽게! (이런 좋은 일을 자랑하고 싶어 하는 건 당연한 일이라고 지금까지도 스스로에게 변명을 하고 있다.) 그래도 혹시나 하는 마음에 아이들에게 조심스럽게 물어보았다.

"애들아, 내일 연구학교 보고회에 많은 손님들이 오실 텐데, 너희가 쿠키를 만들어 학교에 오신 손님들에게 활동 목표도 알려 주고, 쿠키도 선물하면 어떨까?"

내 걱정과는 달리 아이들은 망설임 없이 대답했다.

"몇 개 정도 만들어야 될까요?"

"한 이백 개 정도는 만들어야 하지 않을까?"

"우아, 그렇게나 많이요? 그걸 하루 만에 어떻게 만들죠?"

"그래도 한번 해 볼게요. 왕 셰프의 도움을 받으면 가능할 거예요."

다음 날 아이들은 약간은 긴장되고 어느 정도는 푸석한 모습이 되어 약속한 쿠키를 만들어 왔다. 나중에 들어 보니 아이들은 쿠키를 만들기 위해 빠네뜨리아가 영업을 마칠 때까지 기다렸다가, 밤늦은 시간에 그 많은 쿠키를 다 만들었다고 한다.

게다가 워낙 많은 양이었기에 왕 셰프의 도움까지 받았다고 한다. 아이들의 입장에서는 워낙 많은 양이라 왕 셰프에게 재료비라도 내려고 했지만, 왕 셰프가 단숨에 거절했단다.

"괜찮아. 너희가 하는 행동이 하도 예뻐서 아저씨도 조금 도움을 주고 싶었거든. 그러니 재료비는 주지 않아도 돼."

영업을 마친 후 밤늦게까지 아이들을 도와주는 수고로움은 차치하고서라도, 재료비까지 받지 않은 왕 셰프의 마음 씀씀이가 무척 고마웠다.

다음 날 중간 보고회 자리에서 '배고픈 아프리카 아이들이 7초에 한 명씩 죽어 가요!'라는 글이 적힌 자신들의 LTI 프로젝트 학습 홍보물을 앞에 두고, 손님들에게 쿠키를 나누어 주고 있는 소녀들을 찾아볼 수 있었다. 그날 우리 학교를 찾은 많은 손님들은 맛있는 쿠키를 통해, 쿠키 소녀들의 아름다운 마음씨까지 보았으리라.

쿠키 만들기에 성공하고 자신감을 찾은 아이들은 새로운 도전에 나섰다. 바로 견과 쿠키와 함께 먹을 수 있는 연유 초콜릿! 연유 초콜릿을 만드는 과정은 시간도 많이 걸리거니와, 손이 마비가 될 정도로 젓는 과정을 반복해야 하는 어려운 작업이었다. 그래도 스스로 만족할 만한 결과물을 만든 아이들은 행복한 목요일 오후를 보낼 수 있었다.

하지만 금요일 오전, 아이들은 곧 눈물이 흘러넘칠 정도로 슬픈 표정을 지으며 교무실로 찾아왔다.

"저희가 어제 힘들게 만든 연유 초콜릿을 누군가 훔쳐 갔어요."

"해도 해도 너무하죠. 연유 초콜릿 없이는 견과 쿠키도 잘 팔리지 않을 것 같은데."

견과 쿠키와 함께 판매하려고 만들었던 연유 초콜릿 몇 개를 누군가 몰래 가져가 버린 사건이 발생한 것이다. 아이들의 어깨는 축 늘어져 있었고 실망한 표정이 역력했다.

"너희가 만든 연유 초콜릿이 하도 맛있어서 그런가 보다."

"그래도 훔쳐 가면 안 되잖아요! 얼마나 고생해서 만들었는데요?"

"하긴, 관리를 잘 못한 우리들한테도 책임이 있으니까 그냥 잊어버릴게요."

어느 사이에 쿠키 소녀들은 다른 친구들의 허물마저 덮어 줄 수 있을 정도로 마음이 넓어져 있었다.

이후에도 아이들은 홀랑 다 태워 버리는 실패를 거듭하면서 만든 브라우니, 결국에는 너무 딱딱해서 판매하지도 못한 밀크 캐러멜 등 다양한 제품 만들기에 도전했다. 그만큼 실패도 늘어났다. 하지만 이 과정에서 아이들은 쿠키 만드는 기술만 늘어난 게 아니라, 실패를 두려워하지 않는 도전 정신을 갖게 되었다. 설령 실패하더라도 포기하지 않는 강한 도전 의식과 다른 사람을 위하는 마음까지 얻었다.

12월 10일, 공식적으로 LTI 프로젝트 학습이 종료되는 날이었다. 이날은 프로젝트 학습을 수행한 아이들이 다른 친구들 앞에서 그동안의 학습 내용과 활동 결과를 발표하는 날이다. 프로젝트 학습을 수행했던 아이들은 자신들의 활동 내용을 UCC로, 프레젠테이션으로 만들어 재미있게 발표했다.

쿠키 소녀들도 자신들의 활동 내용을 1학년 전체 학생 앞에서 발표했다. 처음에는 단순히 쿠키 만드는 법을 배우고 싶어서 시작했던 일이, 저개발 국가의 어린이 노동 문제를 접하면서 큰 사랑으로 전해질 수 있었음을 이야기했다. 또한 서로 의견이 맞지 않아 다툼도 생기고 시간이 걸리기도 했지만, 실패해도 끝까지 포기하지 않으면 결국에는 원하는 목표를 달성할 수 있다는 사실도 알게 되었다고 강조했다.

쿠키 만들기로 시작한 작은 활동들이 아이들의 성장 나이테를 더욱 짙고 강하게 만들었던 것이다.

오늘도 꿈은 계속된다

"스스로 주제를 정하고 주어진 문제들을 해결해 가는 LTI 프로젝트 학습을 하면서 성장한 나 자신을 돌아보니, LTI 프로젝트 학습을 하기로 결정했던 게 정말로 탁월한 선택이었던 것 같아요." ―하경

"성공했을 때의 성취감, 기쁨, 뿌듯함……, 그리고 보람을 느낄 수 있었어요. 우리의 작은 힘으로 누군가의 생명을 살릴 수 있다는 사실을 알게 되어

1 LTI 프로젝트 발표회 모습. 2 '쿠키로 사랑을 전해요' 프로젝트 발표 모습.

신기하기도 했고, 재료비도 받지 않으시고 저희를 위해 정말로 다정하게 쿠키 만드는 기술을 알려 주신 왕 셰프에게도 감사해요. 이런 기회가 다시 주어진다면 또 도전하고 싶어요." —민경

"프로젝트 학습을 진행하면서 다툼도 실패도 많았지만, 이런 과정을 거치면서 친구들과 협동심도 기르고 어려운 친구들도 도울 수 있다고 생각하니 정말 자랑스러워요. 특히 우리가 만든 쿠키를 늘 좋아해 주고 칭찬해 준 친구들이 너무나도 고마워요." —재현

2014년 1월 9일 목요일, 이미 해는 바뀌었다. 공식적인 LTI 프로젝트 학습 역시 종료된 겨울 방학이다. 그런데도 불구하고 쿠키 소녀들이 학교 가사실에 모여, 오늘도 즐겁게 수다를 떨면서 열심히 쿠키를 만들고 있었다. 가사실에서 시작된 고소한 쿠키 냄새는 방학이라 조용한 학교 전체로 퍼지고 있었다.

"야, 방학인 데다 친구들도 등교하지 않는데, 그렇게 많은 쿠키를 만들어서 어떻게 하려고?"

평소보다 더 많은 쿠키를 만들고 있는 아이들에게 호기심 반, 걱정 반이 섞인 마음으로 물어 보았다.

"내일은 민경이 부모님이 하시는 편의점 앞에서 팔려고 해요."

"내일이 장날이라 많은 사람들이 편의점 앞을 지나갈 거예요. 그래서 많~이 만들어야 해요."

1

2

3

1 편의점 앞에서 쿠키 판매를 도와주는 고마운 반 친구들. 2 EBS에서 '쿠키로 사랑을 전해요'를 취재하러 나온 모습. 3 프로젝트 내내 친절하게 도움을 주신 왕 셰프와 함께.

그날은 남쪽 지역에서는 좀처럼 보기 드물게 제법 눈이 내린 날이다. 쿠키를 만드는 아이들의 따뜻한 마음이 눈처럼 소리 없이 차곡차곡 쌓이고 있었다.

다음 날, 쿠키 소녀들은 편의점 앞에서 쿠키를 팔고 있었다. 그날은 올겨울 들어 가장 추운 날이었다. 겨울에도 눈을 보기 힘든 따뜻한 지역에서, 영하의 날씨는 듣도 보고 못한 추운 날이니 말이다.

그래도 쿠키 소녀들은 꽁꽁 언 손을 호호 불면서, 아프리카 어린이를 돕자는 홍보판을 들고 쿠키를 팔고 있었다. 아니, 쿠키가 아닌 사랑과 성장을 전하고 있었다.

"쿠키 사세요~."

"아프리카 어린이를 도와주세요."

"지금도 아프리카 어린이들이 7초에 한 명씩 죽어 가고 있답니다."

이런 일도 있어요!

내 꿈을 찾아라!
LTI의 또 다른 도전들

지민이의 'NAVER 도전 만화'

지민이는 그림 그리기를 좋아하는 학생이다. 하지만 다른 친구들과 좀처럼 잘 어울리지 못하고, 평소에도 친구들과 이야기하는 걸 꺼려하는 편이었다.

이런 지민이가 'NAVER 도전 만화'라는 프로젝트 학습을 수행하게 되었고, 우여 곡절 끝에 좀 더 많은 시간을 요구하게 되었다. 부모님과 논의 끝에 이를 허락했고, 결국 지민이는 목요일과 금요일 오후에 만화 그리기에 몰입할 수 있었다.

평소 다른 친구들과 이야기하는 것도 꺼리던 지민이지만, 프로젝트 학습을 마무리하는 'LTI 프레젠테이션 DAY' 때는 1학년 학생 전체가 모인 자리에서 자신의 활동 내용을 씩씩하게 발표했다.

친구와의 대화도 어려워하던 지민이가 이제 전체 학생 앞에서 자신의 이야기를 하게 된 것이다. 발표회에 함께했던 지민이 어머니의 눈물이 아직도 생생하게 기억난다.

광옥이의 꿈 이야기

광옥이는 2012년에 부모님과 함께 북한을 탈출한 새터민이다. 1학기 때 광옥이는 북한 사투리가 하도 심해서 아이들과 이야기를 나누면 놀림을 받는 경우가 많았다. 그래서 학교에 오면 아예 말을 거의 하지 않고 지낼 정도였다. 수업도 북한에서 배우던 내용과 많이 달라서 학업을 따라가기 힘들어했다.

하지만 자유학기제의 시작과 더불어 수업 시간에 발표도 자주 하고, 토론에서 남다른 능력을 보이기 시작했다. 그러면서 아이들도 광옥이의 북한 사투리에 더 이상 색다른 반응을 보이지 않게 되었다.

경찰이 꿈인 광옥이는 LTI 프로젝트 학습 시간에 은별이와 함께 창원서부 경찰서에서 목요일 오후 시간을 보냈다. 특히 멘토인 윤○○ 경사를

'경찰이 될래요' 프로젝트 학습 장면.

친언니처럼 따르게 되었고, 공식적인 프로젝트 학습이 종료된 이후에도 지속적인 만남을 이어 가고 있다. 광옥이의 꿈 이야기는 유투브에서도 확인할 수 있다. (http://goo.gl/001fBB)

올림픽 메달의 꿈

재홍이는 다른 친구들보다 한두 뼘 정도는 더 큰 키와 다부진 체격으로 일명 '짱'으로 불리던 아이였다. 하지만 학업에는 큰 흥미를 느끼지 못해 방황하고 있었는데, 이런 재홍이에게 담임 선생님이 카누라는 스포츠를 프로젝트 학습으로 권했다.

담임 선생님과 부모님의 권유에 어쩔 수 없이 목요일마다 카누를 배우던 재홍이는 처음에는 그다지 큰 관심을 가지지 않는 듯 보였다. 하지만 남다른 체력과 운동 신경을 가진 재홍이는 빠른 속도로 카누에 적응하기 시작했고, 카누를 가르치던 코치의 칭찬까지 듣게 되었다. 재홍이는 지금까지 학창 생활을 하면서 자신이 잘 하는 일로 칭찬을 들은 게 처음이라며 눈을 반짝이면서 흥분했다.

실력도 늘고 카누에 흥미를 갖게 된 재홍이는 2학년 때부터는 체계적으로 카누를 배우기로 결정했다. 그리고 올림픽 카누 종목에 출전을 해 금메달을 따서 담임 선생님에게 고마움을 표시하겠다고 다짐하고 있다.

5

자유학기제, A에서 Z까지

지역 사회와 함께 만드는 행복 학교 _**경기 신길중학교**

모든 학생이 그리는 성공 그림 _**울산 연암중학교**

Chapter 1

지역 사회와 함께 만드는 행복 학교

경기 신길중학교 | **허은숙**

신길중학교는 경기도 안산의 공단 지역에 신길 택지 지구가 개발되면서 2009년에 개교한 학교로 현재 23학급 약 850명의 학생들이 재학하고 있다. 이 중 1학년은 8학급 315명이다. 부모님들이 맞벌이로 바쁘고, 학생들은 사회·문화적 경험이 적은 편이라 지역 사회 인프라 활용을 통해 자유학기제의 본질적 목표를 살리고자 노력했다. 자유학기제 기간 동안 전체 교사 42명 중 절반에 해당하는 교사들이 1학년 교육 과정 프로그램에 직접 참여하여 학생들의 행복한 학교생활과 미래에 대한 긍정적 자아관을 갖도록 노력하고 있다.

안녕, 자유학기제

나는 경기도 안산에 있는 신길중학교에서 근무하고 있다. 2009년 안산의 신길 택지 지구가 개발이 되었고, 그곳 한가운데에 우리 학교가 우뚝 서 있다. 대도시 학교들과 비교하면 중간 정도의 규모라고 할 수 있겠다.

나는 수학을 가르친다. 그래서 아이들과 수업 시간에 수학 문제를 푸는 즐거움에 대해 이야기하고, 수학을 좀 더 재미있게 익히도록 프로젝트 수업도 해 보고, 통계 단원에서는 우리 학교 선생님들의 나이나 좋아하는 행동 등을 아이들에게 조사하게 한 뒤 비교 분석해 보기도 하는 등, 고지식함 속에서도 나름 학생들과 행복한 수학 수업을 운영해 보려고 노력해 왔다.

그렇지만 몇몇 아이들에게 수학은 여전히 힘들고 부담스러운 과목인 모양이다. 내가 초임 때부터 17년이 지난 지금까지 늘 하는 생각이지만, '어떻게 하면 수학 시간도 행복할 수 있을까?' 하는 고민은 여전히 풀기가 어렵다.

내가 늘 하던 대로 수학 수업에 열중하고 있던 어느 따뜻한 봄날, 우리 학교에 새로운 소식이 전해졌다. 중학교를 대상으로 자유학기제 연구학교를 공모한단다.

자유학기제는 각 단위 학교에 교육 과정 운영의 자율권을 준다는 면에서, 잘 운영한다면 공교육 의존도가 높은 우리 학교 학생들에게 좋은 기회가 될 수 있을 것이라는 생각이 들었다.

그렇지만 인프라 부족, 애매한 진로 교육 시기, 학력 저하 등을 우려하는 목소리도 적지 않았다. 이에 대하여 교장, 교감 선생님이 교육 변화의 필요성에 대해 차분하게 설득했고, 결국 전체 선생님 93%의 찬성을 얻어 연구학교 공모에 신청하게 되었다.

2013년, 우리 학교는 전국 42개 자유학기제 연구학교 중 하나가 되었고, 교육 과정 운영이 핵심인 자유학기제의 특성상 연구학교 담당 업무는 오롯이 교육 과정 부장을 맡고 있던 내 몫이 되었다.

막상 내가 업무 담당자가 되고 나니, 각종 언론이나 주변의 부정적 의견이 귓가에 확성기를 대고 말하는 듯 무거운 부담으로 다가왔다.

"시험이라는 통제 기구 없이 정상적인 수업은 어려울 텐데……."

"학교에 부담과 혼란만 가중시키는 공교육 공백기가 될지도 몰라."

내 머릿속은 점점 복잡해만 갔다.

'자유학기제의 정체성은 뭘까?'

'아이들 인생에 한 번뿐인 1학년 2학기가 희생되면 어떡하지?'

깊어져 가는 고민에도 뚜렷한 방향이나 답을 구하지 못한 채 웃음을 잃어 가는 내 모습에, 옆에서 나를 지켜보던 선생님들까지 안타까워하면서 2013년의 봄은 그렇게 지나가고 있었다.

자유학기제가 뭐야?

따뜻함과 무더움이 오락가락하는 때에 교육부에서 경기, 서울, 충남 지역의 연구학교 담당자와 시·도 교육청 관계자를 불러 협의회를 개최하였다. 교육부에서 자유학기제 실시 학년과 학기를 놓고 학교 현장의 의견을 수렴하는 자리였다.

협의회에서 자유학기제에 대한 몇 가지 이해를 얻을 수 있었다.

첫째, 자유학기제의 가장 근본적인 취지는 교실 수업의 개선에 있다. 따라서 기존의 강의식 수업과 입시 준비 수업의 형태에서 벗어나 학생들이 수업에 자유롭게 참여할 수 있는 기회를 제공해야 한다.

즉, 이제는 '학생 참여형 수업'이라고 정리되는 교실 수업 개선의 의미는 수업의 주체가 선생님에서 학생으로 이동하는 한편, 지식 전달 중심으로 진행되던 수업이 탐구 중심, 실험 중심, 체험 중심, 문제 해결 중심으로 바뀌어야 하는 것이다.

둘째, 평가의 변화이다. 그동안 학교 현장에서 진행된 평가는 학생들이 수업을 통해 얼마나 많은 지식을 습득하였는가를 파악하기 위한 도구로 활용되었다고 해도 지나친 말이 아니다.

자유학기제 운영을 위한 준비 목록

다음은 연구 계획서에 제시한 몇 가지 자유학기제 운영 방향이다. 이외에도 모두 나열하기가 어려울 정도로 긴 목록이었지만, 대표적인 열 개를 뽑아 보았다.

① 우리 학교 선생님들에게 자유학기제의 취지를 알리기 위해 방학 중 연수를 실시한다.
② 기본 교과 시간의 축소에 따라 교육 내용을 재구성한다.
③ 학생 선택 프로그램을 개발한다.
④ 학부모들의 학력 저하 우려를 줄이기 위해 교과 연계 선택 프로그램을 운영한다.
⑤ 진로 활동을 위해 학생 적성에 따른 선택 프로그램을 운영한다.
⑥ 체육과 예능 프로그램의 원활한 운영을 위해 강사를 채용하고 체험 중심으로 운영한다.
⑦ 진로 인성 프로그램은 진로 교사가 프로그램을 설계하고, 학급 담임 선생님이 주관하여 프로그램을 운영한다.
⑧ 2, 3학년이 지필 고사를 실시하는 기간에 1학년은 진로 체험 활동을 실시한다. 단, 학교 개입을 최소화하여 학생과 학부모 중심의 자기 주도적 진로 체험 활동이 되도록 운영한다.
⑨ 진로 체험 활동 운영에 도움을 받기 위해 '학부모 지원단'을 구성한다.
⑩ 학생들이 체험할 수 있는 지역 인프라 구축을 위해 노력한다.

그러나 자유학기제에 있어 평가는 학생들의 지식 습득 정도보다는 얼마나 효과적인 체험을 했는가? 얼마나 열심히 참여했는가? 얼마나 창의적인 생각으로 문제를 해결하고자 했는가? 등이 평가의 기준이 된다.

셋째, 새로운 진로 교육의 시도이다. 어쩌면 우리 사회에서 청년 실업의 증가 때문에 진로 교육의 변화가 중요하게 대두되었다는 생각이 든다. 중학교 1학년이라는 시기적 특성을 고려할 때, 진로 교육은 단체 체험 활동을 통한 직업 탐색보다는 자율적이면서 능동적인 진로 체험 활동이 핵심이 되어야 한다.

넷째, 체험이 강조되는 수업이다. '백문이 불여일견'이라는 옛말에서도 알 수 있듯이 체험 활동이 중심인 수업이야말로 학생들에게 흥미를 갖게 하는 것은 물론이고, 지식과 창의적 생각을 동시에 얻을 수 있는 가장 이상적인 수업이기 때문이다.

다섯째, 지역 사회와 학교의 인식 변화이다. 지금까지의 교실 중심 수업은 지역 사회와 아무런 관련이 없었다. 단지 학부모들만이 학교운영위원회나 학부모회를 통해 학교와 관련된 일을 했을 뿐이었다.

하지만 자유학기제를 맞이하여 학교는 지역 사회와 보다 적극적이고 긴밀한 협력 관계를 요구하는 것처럼 보였다. 체험 중심의 수업과 진로 활동을 위해서는 지역 인프라 구축이 절실히 필요하고, 이를 위해서 지역 사회가 곧 학습의 장이라는 새로운 인식이 있어야 하기 때문이다.

또한 단위 학교에 교육 과정 운영의 자율권을 제한 없이 준다는 면에서, 담당 선생님들의 자발적 노력이 성공적인 정착의 핵심 요건이라는 생각이 들었다.

나의 땀방울이 학생들의 웃음으로 피어나다

자유학기제에 대해 겨우 이해했다는 생각이 들었지만, 담당 선생님의 입장에서는 참으로 고민스러운 문제였다. 어떻게 교실에서 이루어지는 수업에 학생들의 체험을 끌어올 수 있을까?

여름을 맞으며 자유학기제가 실시되는 1학년 2학기 교육 과정에 대해 교육 과정 부장, 연구부장, 1학년 부장, 1학년 담임 대표, 1학년 교과 담당 대표 등으로 구성된 운영 연구팀과 교감 선생님이 여러 차례 협의를 거쳐 '학생 선택 프로그램'을 중점으로 삼은 교육 과정을 구성하였다.

협의 과정에서 가장 중점적으로 논의된 내용은 아무래도 교과 시간 편성 부분이었다.

"학생들의 학업 부담을 줄이는 방향으로 바꿔야겠죠?"

"교과 정체성에 혼란이 생기지 않도록 해야 하지 않을까요?"

"학생들의 정서적 안정과 건강한 체력을 위해 예체능 시수를 확보해야 합니다."

"학생 생활 지도를 위한 학급 담임 시간은 어떻게 확보하지요?"

이처럼 필요에 따라 운영 연구팀 협의회뿐 아니라 교과 부장 협의회 및 교과별 협의회를 거쳐 우리 학교에 가장 적합한 교육 과정을 신중하게 확정지었다.

:: **교과 연계 선택 프로그램**

프로그램	
다문화, 광고로 만나는 국어의 모든 것 A반	Prism 수학 B반
다문화, 광고로 만나는 국어의 모든 것 B반	흥미로운 사회 탐구
스토리로 만나는 영어 A반	과학 매니아
스토리로 만나는 영어 B반	仁義禮智信
Prism 수학 A반	생각의 스위치를 'ON'으로! 철학반

:: **진로 적성 선택 프로그램**

프로그램	
신길 비즈쿨 A반	페르소나
신길 비즈쿨 B반	요리(보고) 조리(하는) 반
스포츠 문화 체험	봉우리(봉사하는 우리)
영상스토리 창작	S. C. C.(Singil Computer Club)
녹색 학교 만들기	D. M. D.(Designing Making Doing)

또한 선택 프로그램 담당 배정과 구체적인 프로그램의 계획을 위해 1학년 담당 선생님뿐 아니라 모든 선생님의 수업 시수 및 업무 부담을 분석해서 함께 협의하고, 학생의 수요를 고려하여 담당 선생님이 개설 가능한 프로그램을 최종적으로 확정하였다.

자유학기제의 취지를 살리려 노력했지만 선생님들에게는 가혹한 교육과정이 된 것 같아 죄송스러움이 느껴지면서도, 그 마음을 전달할 새 없이 바쁜 여름 방학을 맞이하게 되었다. 방학도 여느 때와는 달리 할 일이

태산이었다.

먼저, 1박 2일 동안 양평에서 진행될 선생님들의 연수를 준비하면서 잠시 쉴 틈조차 없이 분주했다.

"선생님, 교과별 교육 내용 재구성과 프로젝트 수업 지도안 자료를 발표해 주세요."

"선택 프로그램에 대한 2학기 수업 계획과 구체적 수업 예시안을 준비해 주세요."

선생님들에게 끊임없는 요구 사항을 숙제처럼 전달해야 하는 입장이었던 7월 말은 지금 돌이켜보면 가장 힘들었던 순간으로 기억된다.

개학을 2주 앞둔 시점에는 진로 부장님과 협조하며 학부모 지원단 구성을 마무리하여 인프라를 구축해 나갔고, 1학년 선생님들은 프로그램 운영을 위해 한 학기 분량의 학습 프로그램을 구성하고 그에 맞는 학습 지도 계획을 수립하였다.

방학 기간을 휴식이 아니라 자신과 교실의 모습을 바꾸고 학생들의 밝은 웃음을 되찾아 주기 위해 땀을 흘리며 보낸 것이다.

바빠도 너~무 바빠!

그렇지만 몸이 바쁜 것보다도 마음에 갈등과 고민이 많았던 것이 가장 큰 문제였다.

'정말 자유학기제가 잘 운영될 수 있을까? 아니, 이렇게 운영하는 게

맞기는 한 건가? 내가 제대로 운영될 수 있도록 계획을 짠 것일까?'

머릿속에 온통 복잡하고 해결되지 않은 문제들로 가득 차 있는 상태로 개학을 맞이했다. 두려움과 설렘이 교차되며, 드디어 신길 자유학기제가 시작된 것이다.

개학하면 좀 나을까 했는데, 이게 웬걸. 바쁜 일정은 더욱 심해졌다. 이번에는 자유학기제 발대식, 학생들을 대상으로 한 자유학기제 설명회, 예체능과 학생 선택 프로그램 설명회 등으로 하루가 어떻게 흘러가는지 모르게 바삐 지나갔다.

날마다 새로운 프로그램들이 운영되고, 학생들은 새로운 체험 활동에 빠져들었다. 하지만 예상치 못한 어려움이 끊임없이 발생했다.

국어반 선생님은 "토론 수업을 준비했는데 조용한 아이들만 모여서 말을 한마디도 안 해요."라며 고민을 상담해 왔고, 영어반 선생님은 "영어 소설이 아이들 수준에 맞지 않아서 이대로는 진행이 어렵겠어요."라며 걱정을 했다. 특히 자율 과정 중 교과 연계 프로그램 선생님들의 당황스러워하는 목소리가 계속해서 이어졌다.

나는 예상치 못한 학생들의 반응 때문

에 수업 준비에 어려움을 겪는 선택 프로그램 담당 선생님들과 함께, 프로그램의 운영 방향을 고민하면서 필요한 경우 계획을 수정하고 교육 기부 인프라를 활용하는 등 학생들의 적극적인 수업 참여를 유도하려고 노력했다. 다행스럽게도 시간이 흐를수록 선생님들도 학생 수준과 프로그램 성격에 맞는 수업을 준비하면서 학생들과 함께 성장할 수 있었다.

이렇게 정신없는 하루하루를 보내던 중, 교육부 컨설팅 소식을 들었다. 무엇을 어떻게 준비해야 할지 판단이 서지 않았지만, 현재 우리가 진행하고 있는 프로그램과 운영 방향에 대해 진단을 받는다는 생각으로 자료를

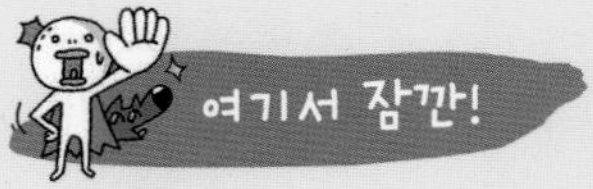

교육 과정 운영에 대한 몇 가지 TIP

- 각 프로그램이 전체 교육 과정과 유기적으로 연계되는지 지속적으로 살피고, 필요에 따라 수정을 해 가면서 탄력 있게 운영한다.
- 각 프로그램 운영은 전문적이지 않더라도 외부 강사보다 학교 선생님이 맡도록 하여, 학생과의 소통을 강화하고 학생의 경제적 부담을 줄이는 방향으로 운영한다.
- 일부 경제적 부담이 있는 프로그램을 선택한 학생 중에 기초 수급자는 예산 범위 내에서 지원하도록 한다.
- 교과 시수 조정은 해당 선생님의 이해와 합의하에 진행되어야 하며, 특히 한문 교과 등 동 교과 교사가 없는 경우 더욱 배려하여 의견을 들어야 한다. 예를 들어 진도와 시험 부담이 컸던 1학년 한문 과목의 경우, 담당 선생님이 한문과 연계된 선택 프로그램을 자체 개발하여 프로그램을 선택한 학생들과 함께하는 운영을 원하는 경우도 있었다.
- 익숙하진 않겠지만, 학기 시작 전 각 프로그램별 담당 선생님이 학생 대상 설명회를 열고 프로그램 홍보 및 안내를 하여 학생들의 소신 있는 선택을 유도해야 한다.

준비해 컨설팅을 받았다.

다행스럽게도 염려했던 것과 달리 신길 자유학기제의 운영 방향이 자유학기제 기획 취지에 충분히 부합하며, 학생을 위한 교육이면서 선생님의 성장을 유도하는 교육 과정 계획이 돋보인다고 많은 칭찬과 격려를 받았다. 아마 교육부 컨설팅을 계기로 내가, 나아가서 우리 학교 전체가 자유학기제 운영에 대해 자신감을 가질 수 있었던 것 같다.

학부모의 공감이 필요해!

간간이 서늘한 바람이 불어올 즈음, 학부모 지원단의 갈등 소식이 들렸다. 진로 부장이 힘들어하는 모습이 눈에 들어왔고, 학부모 지원단의 단장을 맡은 어머니가 자리에서 물러나겠다고 한다는 소식마저 들려왔다. 무엇이 학부모 지원단을 힘들게 했을까?

"지원단의 힘만으로 체험장을 발굴하기에는 한계가 있는데, 학교에서는 대체 뭘 하고 있나요?"

"제가 조장님께 들었을 때는 사흘 중 시간 되는 날만 와도 된다고 하셔서 부담 없이 지원했던 건데……. 실제로는 그렇지 않은가 봐요?"

"학부모가 체험 일정을 다 진행하면 담임 선생님은 뭘 하시는 건가요?"

한번 터진 학부모들의 불만은 점점 높아졌고, 선생님들의 마음까지 흔들어 놓기에 이르렀다.

10월 초, 2, 3학년이 지필 고사를 보는 사흘 동안 실시되는 1학년 직업 체험 학습 활동은 처음부터 어려움을 겪고 있었다. 결국 교장, 교감 선생님에게 도움을 요청하여 학부모 지원단을 만나 활동의 의미와 공감을 끌어내려는 적극적인 노력을 하기로 결심했다.

30분, 40분, 1시간……, 이럴 때는 왜 시간이 이렇듯 길게 느껴지는 건지. 학교와 학부모 지원단의 만남은 긴장감으로 넘쳐났다.

학기 초에 있었던 설명회에 비해 학교의 입장과 상황을 구체적으로 상세하게 설명했다. 이 기간 동안 선생님이 해야 할 역할과 자기 주도적 직업 체험 활동의 중요성을 찬찬히 설명하자, 비로소 학교와 학부모 사이에 공감대가 형성되었다.

위기의 시간이 지난 뒤 소규모 진로 체험 활동에 대한 준비는 더욱 탄력을 받게 되었다. 진로 부장은 학부모들이 인맥과 학맥, 자녀들의 우정 관계까지 동원하는 등 열정을 다해 모아 온 진로 체험 학습에 관련된 지역 인프라를 다시 정리하고, 멘토를 정하고, 학생들을 배정하고, 학부모 지원단과 연계할 수 있도록 안내하는 등 여러 차례의 모임과 설명으로 활동 내용을 이해시키기에 여념이 없었다.

1일차 활동 계획 세우기, 2일차 체험 활동, 3일차 결과 보고서 작성. 이렇게 사흘 동안의 과정이 매끄럽게 진행될 수 있도록 워크북을 만들고, 가정 통신문을 보내고, 필요한 비용에 대한 결재를 올리면서도 걱정은 끝이 없었다.

"아이들이 학부모님들과의 약속을 잘 지켜야 할 텐데."

"학부모님들이 적극적으로 준비를 해 주시니 감사하네요. 잘 되겠죠?"

몰려오는 피곤조차 느낄 새 없이 분주하게 준비를 마무리하고 학교를 나서던 진로 체험 전날 저녁 퇴근길, 우리 아이들에게 소중한 경험이 되기를 간절히 기원하며 큰 심호흡으로 마음을 다스렸다.

교사, 학생, 학부모가 다 같이 성장하는 자유학기제

사흘간의 체험 활동이 끝난 월요일 아침, 교무실에 들어선 진로 부장의 얼굴은 지난 몇 주의 고민과 갈등은 어디에 버리고 왔는지 너무나도 밝은 모습이었다.

"학부모님들이 선생님보다 욕심이 더 많아. 워크북 쓰게 하신 것 좀 봐."

"이게 ○○이가 쓴 보고서라는 게 믿겨? 수업 시간에 이렇게 시킬 수 있어? 결과물이 장난이 아니야."

다음 시간 시작종이 울리는 것도 모르고 끝없이 내게 늘어놓는 자랑에, 나 역시 "우아, 진짜 대박이네요. 안 믿겨요!"라며 요란스럽게 맞장구를 치고 있었다.

이후 학부모 지원단 평가회에서 나온 의견들을 살펴보니, 사흘간의 진로 직업 체험 활동이 학부모들에게 엄청난 부담과 어려움을 안겨 주었다는 사실을 다시 한 번 확인할 수 있었다.

첫째 날, 학부모 지원단과 학생들의 설레는 만남은 순간일 뿐이었다. 계획서를 작성할 장소를 정하는 것, 집중을 잘 못하는 학생들을 이끌어

가는 것, 말을 잘 듣지 않는 학생을 화내지 않고 교육적인 자세로 대하는 것 등등 말로 다 나열할 수 없는 어려움의 연속이었던 모양이다.

둘째 날, 체험 학습에 성실하게 참여하지 않는 학생들이 있어서 당황스러웠고, 활동 중에 학생들이 다칠까 봐 걱정되었으며, 오고 가는 길에 대중교통을 이용하는 데도 어려움을 느꼈다고 한다.

셋째 날, 보고서를 작성을 위해 2, 3학년 시험이 끝난 오후에 학교 교실을 이용했는데, 아직 어린 학생들의 보고서 작성을 개별적으로 지도하는 게 쉽지 않았고, UCC나 PPT를 만드는 기술이 부족해 어려움을 겪었다고 한다.

하지만 결과적으로 말하자면, 학부모 지원단이 사흘 동안 활동하면서 겪은 어려움은 오히려 학교와 선생님의 입장을 이해하고 우리 아이들의 교육에 대해 진정으로 고민하는 소중한 계기가 되었던 모양이다. 학생들 또한 활동을 끝낸 다음 주 금요일 5, 6교시 체험 활동 발표 시간이 되자, 학부모 지원단에 대한 고마움을 표시하는 말과 글로 감동을 주었다.

학부모들은 자신들의 활동 평가회에서 다양한 의견을 내놓았다.

"학교와 선생님의 어려움을 충분히 이해할 수 있었어요."

"용접 체험을 하는데 학생 눈시울이 붉어

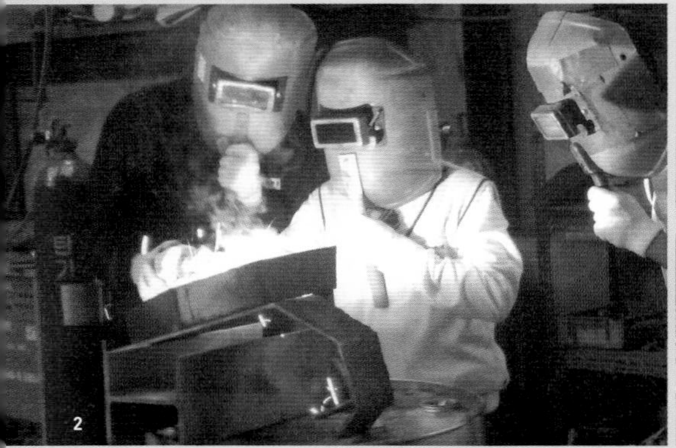

1 진로 체험 결과물 발표 모습. 2 진로 체험 중 용접 체험을 하는 모습. 3 학부모 지원단 활동 중간 평가회. 4 진로 체험 결과물.

졌어요. 나중에 들어 보니 부모님이 같은 일을 하시는데, 이렇게 힘든 줄 몰랐다면서 부모님 말씀 잘 들어야겠다고 말하는 걸 듣고 저도 그만 울컥했습니다."

"초등학교 6학년 때 담임 선생님이 맡으신 반에 가서 동생들 학습 도우미 체험을 했던 학생이 자신의 적성과 잘 맞는 걸 알았다면서, 공부 열심히 해서 초등학교 선생님이 되겠다고 하더라고요."

이는 학교와 학부모, 학생들이 모두 함께 성장했다는 증거이리라. 학부모와 학교가 더욱 가까워졌음을 진심으로 느낄 수 있었다.

선생님의 열정으로 기회를 열다

여느 때와 다름없이 출근해서 메일을 살피다 문득 고개를 돌려 보니 창틀에 낙엽 하나가 놓여 있었다. 어느새 10월의 마지막 주 가을을 지나고 있었다.

"부장님!"

고개를 돌리니 음악 선생님이 서 있었다. 내가 미처 대답도 하기 전에 그날 오후에 있을 뮤지컬과 국악 발표에 대해 이야기를 풀어 갔다.

"원래는 많은 선생님을 모신 자리에서 하고 싶었는데, 연습할 시간이 부족해서 잘 하기는 어려울 것 같아요. 이번에는 부장님이랑 교장, 교감 선생님만 모실게요."

아이들의 성취감을 위해 두 달간의 음악 활동 결과물로, 뮤지컬과 국

1 국악반 '소리여울'의 발표회 모습. 2 체육 활동 중 하나인 인라인 스케이팅반.

악 발표회를 하겠다는 어려운 결정을 내린 것이었다. 너무 힘을 쏟지 말라는 조언을 했음에도 불구하고, 음악 선생님과 아이들은 결국 보는 이의 가슴을 벅차게 하는 발표회를 무사히 마쳤다. 매일 함께하는 동료이지만, 그 열정에 새삼 놀라지 않을 수가 없었다.

월요일과 화요일 5, 6교시에 실시된 예체능 활동은 체험 중심으로 운영되었다. 예체능의 경우 비전공자가 운영하기에는 수업의 질이 많이 떨어질 수 있고, 또 학교에는 담당이 가능한 예체능 선생님 인원에 한계가 있었으므로 외부 강사를 일부 초빙하게 되었다. 물론 기본적인 수업은 학교 선생님들 중심으로 운영할 수 있도록 구성했다.

음악은 뮤지컬과 국악반을 개설하여 학생들의 선택에 따라 운영하였고, 미술은 회화와 디자인을 중심으로 실시되었다. 우리 학교 음악 선생님은 성악을 전공했기에, 뮤지컬반을 강사 없이 스스로 운영하며 아이들과 함께 2개월에 1회씩 발표회를 갖기로 했다.

또 국악은 외부 강사를 초빙해서 운영했는데, 발표회 때 학생들이 나를 의상까지 준비하여 난타와 부채춤을 보여 주는 등 실력을 뽐냈다.

체육 활동은 리그전뿐 아니라 볼링, 클라이밍, 눈썰매 등 지역 사회 인프라를 활용한 체험 활동으로 운영했는데, 체육 선생님이 먼저 사전 답사를 하고, 학생들의 이동 경로나 체육 활동, 시설 점검 등 꼼꼼한 준비를 했다.

이러한 활동들은 아이들에게 새로운 경험과 재미있는 학습, 삶에 대한 자신감을 갖게 해 주었을 것이다.

지역 사회와 함께하는 선택 프로그램

지역 사회 인프라를 활용한 활동은 진로 교육이나 체육 활동에만 국한된 것이 아니었다. 우리 학교는 학생 선택 프로그램을 운영하면서 지역 사회 인프라를 활용하기 위해 적극적으로 나섰다.

'선택Ⅱ'로 불리는 진로 적성 선택 프로그램은 학생들의 진로와 적성을 고려하여 운영하는 프로그램들이다. 이들 중 '봉우리'이나 '녹색 학교 만들기', 'D·M·D', '스포츠 문화' 등은 지역 사회 인프라가 없으면 운영할 수 없는 프로그램들이었다.

'봉우리'는 '봉사하는 우리'라는 뜻으로, 프로그램 이름에 나타나듯이 목요일 5~7교시 동안 지역 사회 단체에서 봉사 활동을 하는 프로그램이다. 거모사회종합복지관, 비젼하우스, 노인회관 등 지역 사회 봉사 기관이 프로그램에 참여했다.

"선생님, 저 오늘 어르신 휴대폰 교육을 시켜 드렸는데, 손자보다 낫다고 엄청 좋아하셨어요. ㅋㅋㅋ"

평소 학교생활에 성실하지 못해 학생부를 자주 드나들던 ○○이가 봉사를 제대로 할 수 있을까 걱정했는데, 오히려 가장 모범적으로 인정받는다니까 선생님들의 격려가 끝없이 이어졌다.

겨울에 시도한 김치 담그기는 봉우리반 활동의 '꽃'으로 기억된다. 봉우리반에 연계된 기관에서 김장을 담근다는 소식을 전해 들은 학부모 지원단은 아침 일찍부터 고무장갑을 끼고 나섰다. 당신들의 자녀가 직접 속해 있는 프로그램이 아니어도 신길중학교 교육에 도움을 주는 지역 사회에 감사를 표시하고 싶단다. 가슴속에서 갑자기 울컥하는 감동이 느껴졌다.

'녹색 학교 만들기' 프로그램은 한국교육개발원에서 제공했는데, 교재가 생각보다 어려워서 우리 학교 여건에 맞춰 새롭게 구성해야만 했다.

"안산에 있는 환경 단체 좀 알아봐야겠어요."

담당 선생님이 직접 인프라 구축에 나서 '안산녹색소비자연대'라는 사회 단체와 업무 협약을 맺었고, 자료와 프로그램 내용 및 구체적 학습 활동 계획을 함께 구성하며 진행하게 되었다. 12월 마지막 주에는 안산시청, 안산녹색소비자연대, 학교가 함께 참여하여 학생들이 준비한 발표회를 열고 수료증도 수여했다.

"선생님, 저 이제 환경 지킴이에요!"

"21세기는 환경 관련 직업이 대세인 거 아세요? 저, 좀 잘나갈 거 같아요! 하하하~."

환경을 소중하게 생각하는 담당 선생님의 철학이 프로그램에 맞아떨어지면서 아이들을 변화시키고 있었다.

'D·M·D'반은 화원을 운영하는 학부모가 교육 기부를 통해 참여한 사례였다. 평소 엄마 일에 전혀 관심이 없던 딸아이가 "D·M·D반에서 활동하는 친구가 신기하게 정서적으로 안정되었다."면서 "엄마, 나도 이거 좀 배워 볼까?" 하며 친근하게 다가오는데 정말 흐뭇했다는 소감을 전해 왔다.

이처럼 학생들 스스로가 활동을 계획하고, 실천하고, 평가하는 학생 중심의 프로그램이 지역 사회와 연결되면서, 학교에서 이론으로만 강조하던 인성 교육을 실천으로 연결할 수 있는 훌륭한 기회가 되었다.

1 학부모 교육 기부로 진행된 D·M·D반. 2 녹색 학교 만들기 수료증 수여식. 3 봉우리반 김치 담그기 행사.

그렇지만 자유학기제에 대한 홍보가 전혀 되지 않은 상태에서 지역 사회 인프라를 구축하는 일은 쉽지 않았다. 담당 선생님들은 여러 차례 간곡한 부탁에도 거절당하는 일이 잦았다. 그렇지만 지금 당장 인프라 구축으로 연결이 되지 않더라도, 2016년 자유학기제 전면 시행에 앞서 지역사회의 교육 기부 활동에 대해 홍보를 하자는 의지로 실망하지 않았다.

우리 학교뿐 아니라 모든 학교에서 이러한 마음가짐으로 인프라 구축에 적극적으로 나선다면, 우리가 기대하고 바랐던 대로 변화의 문을 열 수 있으리라.

신길 공동체가 만드는 행복 학교

어느덧 12월이 되었다. 우리 학교는 자유학기제 연구학교에 대한 교육부 성과 보고회 준비로 바빴다.

12월 23일, 성과 보고회 날. 전날 준비해 놓은 전시물들을 차에 싣고 보고회장으로 향했다. 보고회장에 기본 교과 학습 활동 포토폴리오, '프리즘 수학'반 등 선택 프로그램 교육 활동 계획서와 결과물, 학부모 지원단이 중심이 되어 실시한 진로 체험 활동 보고서 등등 준비해 간 자료들을 하나도 빠짐없이 전시하고 나니 기분이 좋았다.

거기에는 나의 걱정과 노력, 우리 선생님들의 고민과 활동, 학부모님들의 고생과 보람, 신길 자유학기제를 도와준 수많은 지역 사회의 봉사와 땀, 그리고 마지막으로 우리 학생들의 행복이 고스란히 모여 있었기 때문이다.

이제 감사의 시간을 가질 차례이다. 신길 자유학기제가 잘 운영되도록 도움을 준 많은 이들. 선생님, 학부모, 지역 사회 관계자, 직업 체험 멘토, 우리 자율 활동 프로그램에 선뜻 교육 기부를 해 준 이들……, 이들이 아니었다면 2013 신길 자유학기제가 지금처럼 해피 엔딩으로 마무리되지는 못했을 것이다.

소중한 행복을 주는 자유학기제. 자유학기제가 앞으로도 학생과 선생님, 그리고 학부모, 나아가 지역 사회까지도 행복이라는 하나의 끈으로 묶어 성공적으로 정착할 수 있기를 간절히 기원하며, 2차년도 준비에 대한 마음을 다져 본다.

학교에 부는 새 바람,
다양한 선택 프로그램

'스포츠 문화 체험'반은 지역 사회 스포츠 관련 인프라를 활용한 수업으로 학생들에게 평생 스포츠를 즐길 수 있는 방법과 여가 문화를 활용하는 방법을 알려 주는 데 큰 역할을 했다. 다양한 스포츠 수업을 준비하기 위해 직접 답사를 하는 등 시간이 많이 걸리긴 했지만, 매주 새로운 활동을 기다리는 학생들을 생각하면 게을러질 틈이 없었다는 후문이다.

또 학기 초 308명의 학생 중 단 한 명만이 신청해서 반 구성에 어려움을 겪었던 연극반 '페르소나'가 담당 선생님의 유연하고 소신 있는 운영으로 한 학기를 보내고, 12월 30일에 있었던 학년 말 발표회인 새뿔 콘서트에 두 팀이나 공연을 올려서 감동을 선사한 일, 자신들이 만든 허브 비누를 판매하여 모은 돈을 봉사 단체에 기부한 '신길 비즈쿨'의 삶과 배움이 학습 활동으로 자리매김한 것도 큰 의미가 있다.

1 연극반 '페르소나' 공연 모습. 2 '요리조리'반 체험 모습. 3 '영상스토리 창작'반 EBS 중계차 체험. 4 교육 기부로 이루어진 KBS 방송 작가의 강연 모습.

교육 기부를 받은 요리 체험 '요리조리'반이 활동이 끝난 후 사장님과 감사 편지를 주고받은 일이나, 지역 사회 특성화고등학교의 교육 기부로 진행한 로봇 교육, EBS 중계차가 학교를 방문하여 학생들에게 체험 프로그램을 제공했던 '영상스토리 창작'반, '다문화, 광고로 만나는 국어의 모든 것'반에 KBS 방송 작가가 교육 기부로 참여한 것 등등 선택 프로그램 모두 학교 생활에 새로운 변화를 일으키는 데 중요한 역할을 했다.

Chapter 2

모든 학생이 그리는 성공 그림

울산 연암중학교 | **오현숙**

연암중학교는 울산광역시 북구 연암동의 공단 인근 지역에 있으며, 총 24학급으로 구성되어 있다. 2013년부터 남녀 분반을 시작했는데 남자반 인원수가 여자반보다 5~6명 정도 많다. 학생들의 사회·문화적 경험은 적은 편이다. 본교의 자유학기제 TF팀 구성은 교장(위원장), 교감(부위원장), 교육연구부(기획 및 총괄), 교무부(교육 과정), 학년부와 환경부(수업 개선), 진로상담부, 영재과학부, 방과후부(진로 체험 프로그램), 정보부(평가 및 검증) 등 전 교사의 참여로 이루어졌고, 실제 정규 수업과 진로 체험, 동아리 활동, 선택 프로그램은 1학년 담임 선생님과 전 학년 교과 담당 선생님들이 진행했다.

꿈 찾기, 끼 찾기, 행복 찾기의 삼박자

울산 연암중학교는 이제 7회 졸업생을 배출한 비교적 신설 학교에 속한다. 2004년 11월 26일에 개교했을 때만 해도, 신설 학교 신드롬으로 2~3년간 비교적 우수한 성적의 학생들이 많이 입학하여 금세 자리를 잡는 듯 보였다. 그러나 점차 학생들이 신설 아파트 지역으로 이동하면서 학생과 선생님 모두 의욕을 잃어 가고 있었다.

이런 분위기를 바꿔 보고자 2012년에 교과목(영어, 수학) 교과 교실제가 구축되었고, 2013년 자유학기제의 시작으로 학교에 활기가 더해졌다. 결과를 먼저 이야기하자면, 자유학기제를 통해 모든 학생이 주인공이 되어 수업을 진행하는 기적이 일어난 느낌이다.

사실 선행 연구가 전혀 없는 상황에서 자유학기제를 준비하려다 보니 계획 단계부터 수많은 고민을 하게 되었다. 그리고 고민보다 훨씬 더 많은 컨설팅을 받았는데도, 제대로 방향을 잡은 것인지 마음속 불안을 잠재우지 못했다.

일단 연구부장의 세심한 기획 아래 모든 선생님들이 참여하는 자유학기제 분과를 조직했다. 자유학기제가 타 연구학교와 확연히 다른 점이 있다면, 전 교직원의 열정과 협조가 있어야 운영이 가능하다는 점이다. 그런데 오히려 이런 점이 모든 선생님을 하나로 응집하는 계기가 되어 공감대를 형성할 수 있었던 것 같다.

또 하나의 준비 단계는 시스템 마련이었다. 우리 학교는 9개의 교무실로 나눠져 있었는데, 원활한 수업 개선 협의회와 생활 지도를 위해 1학년 담임 선생님들을 모두 4층 연구실에 자리 잡을 수 있도록 했고, 또 힘든 업무 처리에 대한 양해를 구했다. 그 결과 교과 단원별 수업 모형 및 진로 요소를 추출한 지도안을 시간 안에 완성할 수 있었다.

우리 학교는 자유학기제에서 '동아리 진로 중점 모형'을 채택했다. 학생 설문 조사 결과 동아리 활동이 가장 많은 학생들이 원하는 프로그램이었고, 진로와 연계한 체험 활동이 용이하다는 점에서 선생님들도 흔쾌히 동의했기 때문이다.

오전에는 학생 참여 중심의 개선된 수업을 진행하고, 오후에 자율 과정을 진행했다. 자율 과정은 월요일 SCEP을 포함한 진로 활동 3시간, 화요일 예술 활동 2시간, 목요일 동아리 프로그램 3시간, 금요일 SC 동아리와 선택 2시간의 프로그램으로 구성했다.

교육 과정 편성과 수업 시간표 작성 또한 쉬운 일이 아니었다. 기존에 담당하던 교과 수업을 줄이면서 새로운 자율 과정을 맡는다는 게 쉬운 일이 아니었으므로, 담당 선생님들에게 양해를 구하며 설득하는 과정이 필요했다. 또한 현실적으로 모든 교과 선생님들의 협조와 이해가 필요한 부분이었기에 더욱 신중하게 논의를 거듭했다.

수업 시간표의 경우 협동 수업을 위해 대부분 2차시 블록 수업으로 진행했고, 예술 과목 역시 블록으로 시간표를 편성했다. 수업 개선을 위해 협동 수업은 기본이고 융합, 토론, 프로젝트, 문제 해결 등 다양한 방식의 수업을 시도했기 때문에, 교과별 협의회를 수없이 열어야만 했다.

협동 수업의 경우, 책상 네 개를 맞추는 교과, 여섯 개를 맞추는 교과, 'ㄷ'자를 요구하는 교과 등이 있어 학생들이 시간마다 책상 배열을 새로 해야 하는 번거로움이 있었다. 그래서 협동 수업은 책상 네 개가 마주 보는 것으로 통일하고, 사회 교과의 토의 수업 및 국어 교과의 토론 수업에서만 약 한 달 반 동안 ㄷ자 모양으로 운영하기로 결정하는 등 수업 개선을 위해서 교실 환경 변화에도 많은 노력을 기울였다.

8월 26일 개학과 동시에 자유학기제 역시 힘차게 출발했다. 자유학기제를 준비하고 시행하면서 교사가 직업군 중에 봉사직군으로 분류되는 이유를 뒤늦게나마 알게 되었다. 소명 의식과 봉사 정신, 열정이 없으면 자유학기제 연구학교를 성공적으로 운영하기 어렵다는 사실도 분명해졌다. 학생들이 성장하는 만큼 선생님의 학교 생활은 치열해질 수밖에 없나 보다.

우리 학교는 자유학기제가 시작되면서 꿈과 끼를 찾아 크게 다섯 가지 프로젝트를 수행했다. 가장 먼저 학생 참여 중심의 '수업 개선', 꿈을 찾아보는 '진로 탐색 프로그램', 끼를 키우는 '선택 프로그램', 행복한 삶을 위한 '동아리 프로그램', 끝으로 '맞춤형 진로 직업 체험'이다.

달라진 수업 풍경

학생 참여 중심의 수업으로 개선하기 위해, 블록 수업으로 이루어진 융합 수업을 각 교과별로 한 달에 한 번 이상 실시했다. 학생들은 수업 시간에 두 명 내지 세 명의 선생님이 들어와서 수업을 하자 처음에는 당황스러워했지만, 곧 동기 유발 측면에서 눈에 띄는 성과가 있었다. 또한 해당 단원에 대한 풍부한 전문 지식을 얻는 데에도 큰 도움이 되었다.

진로 요소를 융합한 도덕 과목 프로젝트 수업을 가장 좋은 예로 들 수 있겠다. '세계 시민 단원'이라는 학습 주제를 '세계 시민으로서 내가 할 수 있는 일'로 교과를 재구성하여, NGO 단체에 엽서 쓰기와 UCC 만들

1 학생이 직접 참여하는 사회 교과 수업.

2 3 찬성과 반대로 나누어 진행하는 토론 수업.

기 등으로 연결했다.

그 외에도 영어와 사회, 국어와 과학, 미술과 음악, 사회와 음악의 융합 수업, 과학 과목 탐구 학습, 영어 과목 협동 학습은 자랑해도 될 만큼 성과가 높았다.

융합 수업을 구성하기 위해 선생님들 사이에서 단연 인기가 많았던 교과는 미술과 사회 과목이었다. 사회 교과의 지리, 역사, 정치는 주제의 배경을 이해하는 데 적합했고, 미술 교과의 예술적 요소는 학생들의 동기 유발에 큰 힘이 되었기 때문이다. 예를 들어 음악 과목에서 비발디의 〈사계〉를 배우면서, 사회 교과의 기후 변화 설명을 곁들이고, 과학 교과의 이산화탄소 배출에 의한 기후 변화로 연결하는 수업은 선생님인 내가 봐도 매우 성공적이었다.

이런 융합 수업을 추진하기 위해 전 과목 선생님을 골고루 1학년 담임 선생님 자리에 배치하는 준비 과정이 필요했다.

학부모 진로 코치와 함께하는 '꿈 찾기' 프로그램

'꿈 찾기' 진로 탐색 프로그램은 본교 학부모 열 명의 진로 코치 임명장 수여를 시작으로 본격 궤도에 올랐다. 진로 부장의 학부모 연수가 끝나고 학생들의 '자기 이해 종합 결과표'를 바탕으로 1학년 전체 학생의 진로 상담을 시작했는데, 도서실에서 한 명 한 명의 개별 진로 상담을 3회에 걸쳐 실시했다.

학생들은 선생님이 아닌 다른 사람에게 진로 지도를 받는 시간이었기에, 나름 설레고 자신의 소중함을 깨달을 수 있었던 진로 상담이었다.

진로 탐색 프로그램 구성은 진로 독서 활동 9차시, 진로 탐색 20차시, 전문 직업인과의 만남 2차시 등 총 35차시가 월요일 6, 7교시에 진행되었다. 여기에 진로 진학 상담 교사의 SCEP(School Career Education Program) 수업 17차시는 별도로 진행했다.

그중 인상에 남는 것은 아홉 명의 다양한 분야 전문 직업인과 만남의 자리를 마련한 시간이었다. 지역 인프라가 따로 구축되어 있지 않았기에 일단 학교 선생님들의 인맥과 지인들 소개 위주로 초빙을 할 수밖에 없었지만, 학생들의 희망을 받아 건축가, 웨딩 플래너, 여행가, 미술 치료사, 경찰관, 간호사, 현대자동차 직원, 농협 과장, 세무사 등으로 분반하여 그

직업인 멘토인 경찰관과 미술 치료사와의 만남 시간.

들의 직업 세계를 이해할 수 있는 진지한 만남의 자리를 마련하였다.

다음 학기에 시행되는 자유학기제에서는 같은 프로그램을 지역 사회, 즉 우리 동네 학부모와 지인들의 협조를 받아 운영해 보기로 했다. 이렇게 몇 년이 쌓이게 되면 이게 바로 지역 인프라가 되리라 기대하면서 말이다.

끼를 찾아 떠나기

선택 프로그램은 금요일 5, 6교시에 진행했다. 'UCC의 달인', '토론의 달인', '나도 만화가', '한자 박사', '컵타반' 등 9개의 프로그램으로 구성했고, 본교 선생님 아홉 명이 강의를 맡아 진행했다.

모든 학생들은 월 1회 1개의 프로그램을 선택하여 이수하고, 한 학기 동안 자신이 원하는 총 4개의 프로그램을 선택해서 들을 수 있었다. 때문

선택 프로그램 '컵타반'의 활동 모습.

에 선택의 여유가 있는 편이라서 동아리 프로그램처럼 경쟁이 치열한 편은 아니었다.

그러나 금요일 행사가 겹쳐서 수업을 할 수 없는 경우가 생겨서, 한 달에 8시간에서 10시간의 수업을 진행해야 완성되는 프로그램이 4시간으로 끝나 버리는 경우도 있었다. 이렇게 수업이 채 완성되지 못한 상태에서 다음 프로그램으로 넘어가야만 했기에, 학생과 선생님 모두 아쉬움을 느꼈다. 자유학기제 선택 프로그램을 한 요일에 못 박지 말고 탄력적으로 운영해야 함을 느꼈다.

시행착오 속에서 완성된 동아리 활동

동아리 프로그램은 목요일 5, 6, 7교시 3차시로 진행되었다. 프로그램은 '십자수', '연극', '팝송', '민턴 사랑', '난장놀이', '소녀시대', '조립 전문가', '나는 과학자다', '만능 요리왕' 등 총 15개 동아리를 운영했다.

흥미 적성 검사와 학생 본인의 희망을 최대한 반영하여 한 동아리당 15명 내외로 정원을 꾸렸으며, 토론반을 비롯한 세 개 반만 외부 강사의 교육 기부를 받아 운영했고, 나머지 동아리는 거의 본교 선생님 위주로 운영을 했다.

이 중에서도 만능 요리왕 프로그램이 가장 인상적이었다. 목요일 아침, 1학년 남학생들이 조심스레 계란 한 판을 손에 올리고 등교하는 모습을 보며 따뜻한 웃음을 터트릴 수 있었다. 요즘 시대를 반영하는 결과였을

까? 만능 요리왕 반에는 여학생들보다 남학생들이 더 많았고, 요리 솜씨도 매우 훌륭했다.

다만 후회되는 부분은 가사실이 하나밖에 없어서 희망자가 많았음에도 한 반만 운영할 수밖에 없었다는 점이다. 아직까지 휴대용 가스 버너를 이용해 다른 장소에서 진행할 수는 없었을까, 하는 후회가 남는다.

앞에서도 이야기했지만, 동아리 활동은 선택 프로그램과 달리, 운영하는 시간도 한 시간 많고 쉽게 반을 옮기기 힘들었기에 학생들이 동아리 선정에 상당히 예민해하는 편이었다. 이럴 때일수록 지원이 많이 몰리는 동아리는 융통성 있게 두 개로 운영한다든지 하는 방법이 필요하다는 걸 뒤늦게 깨달은 셈이다.

지역 사회와 손잡은 진로 체험

본교에서 진행한 진로 직업 체험 프로그램은 모두 다섯 가지였다. 테마별, 동아리별, 일터별, 통합 진로 직업 체험, 끝으로 지역 사회와 연계한 진로 직업 체험 프로그램이다.

1 울산현대축구단과 함께한 진로 체험. 2 울산기상대 체험. 3 춘해보건대학 직업 체험. 4 로봇 과학 조립 체험.

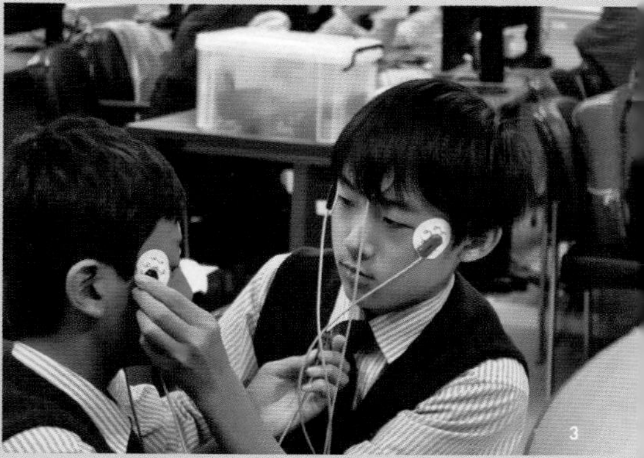

테마별 진로 직업 체험은 말 그대로 테마별로 학생들이 원하는 직업 체험을 하는 프로그램으로 시 교육청 진로 직업 체험 지원 센터를 활용하여 전일제로 진행했다.

동아리별 진로 직업 체험은 동아리 활동과 연계한 직업 체험 프로그램이다. 시청 산하 기관 항만청을 비롯해서 방송국, 춘해보건대학 등에서 1회에 두 개 내지 세 개의 동아리가 매주 목요일 또는 토요일에 참여하는 방법으로 진행했다.

일터별 진로 직업 체험은 학부모의 직업 체험을 하는 프로그램이고, 지역 사회와 연계한 진로 직업 프로그램은 지역 사회에 있는 다양한 진로 체험 프로그램을 경험하는 시간이었다.

이 중에서 가장 기억에 남는 건, 수학, 과학 관련 동아리가 고흥 나로호 우주센터를 방문했던 체험과 우리 학교 체육관에서 진행된 '울산현대축구단 습격 프로그램'을 들 수 있다.

울산현대축구단 습격 프로그램의 경우, 선수 개인기, 레크레이션과 진로, 직업 상담 및 인터뷰 시간으로 구성되었는데, 당연히 남학생들의 폭발적인 함성을 들을 수 있었다!

영원히 잊지 못할 '13학번의 자유학기제'

맞춤형 진로 직업 체험 프로그램의 일환으로 '연암 행복 진로 캠프'를 실시했다. 2, 3학년의 중간고사 1, 2일차에 맞춰 진행했는데, '나 찾기', '진로 탐색' 등 다양한 프로그램이 진행되어 캠프에 참여한 학생들이 매우 행복해한 시간이었다.

이날 타 학년이 시험을 치고 있었기에 맘껏 소리를 지르며 발산하지 못한 점이 아쉬움으로 남는다. 마음껏 소리지르고 발산한 다음에 진행되는 체험 프로그램이었기에, 참여한 학생과 진행하는 선생님 모두에게 미안한 일이었다. 하지만 이날의 경험으로, 다음 자유학기에는 중간고사 기간을 피해 진로 직업 체험 프로그램을 운영할 예정이다. 아무리 꼼꼼히 계획을 잡아도 시행착오가 있게 마련이라는 걸 느꼈다.

11월 20일에는 그동안 다양한 체험을 통해 자신들이 찾은 진로를 소개

성공적인 자유학기제를 위한 몇 가지 TIP

첫째, '어떻게 자유학기제를 시작할 것인가'라는 학교장의 확고한 의지와 고민이 가장 중요하다.
둘째, 선생님의 열정과 역량 강화는 필수 요소이다. 아무리 좋은 교육 정책도 성패의 열쇠는 결국 학생 교육의 주체인 선생님이 쥐고 있다. 따라서 선생님의 열정이 곧 자유학기제 교육 과정의 완성이라 할 수 있겠다. 지속적인 연수를 통해 교수법의 개선을 연구하는 것도 좋은 방법이다.
셋째, 학생들이 성공에 대한 그림을 그릴 수 있도록 만들어 줘야 한다. 학생 개개인의 개성을 인정하며 좋아하는 것을 찾을 수 있도록 하고, 노력하면 성공할 수 있다는 점을 알려 줘야 한다.
넷째, 지역 사회 인프라 구축이다. 한 아이를 키우는 데 온 마을의 정성이 필요하다는 말이 있다. 지역 사회 곳곳이 체험의 장이 될 수 있는 장기적인 시스템을 마련해야 한다.
마지막으로, 선생님의 업무 경감을 위한 행정 요원 배치이다. 수업 변화의 파장이 적지 않게 일어나고 있는 자유학기제를 맞이하여, 핵심 인력인 선생님들이 업무 처리보다는 수업 개선을 위해 노력하는 시간을 많이 확보할 수 있도록 행정 요원 충원은 꼭 필요하다.

꿈 찾기 발표 대회 모습.

하는 '꿈 찾기 발표 대회'를 강당에서 개최했다. 각자 만든 PPT로 진지하게 자신의 꿈을 소개하는 부분에서 그동안 우리의 진로 교육 프로그램이 헛되지 않았음을 확인하였다. 발표 대회에서는 성우, 레슬러, 음향 엔지니어, 검찰 사무직, 음악 치료사, 신재생 에너지 연구원, 동물 조련사, 작가와 교사 등 무려 22가지의 다양한 직업과 꿈이 소개되었다.

놀라운 건 중학교 1학년의 학생들의 '꿈 발표 대회'라고 할 수 없을 정도로 훌륭한 무대였다는 점이다. 연세가 지긋한 선생님들은 낯설어할 만한 직업과 꿈을 소개하는 장면에서 학생들의 잠재력도 느낄 수 있었다. 이날이야말로 연암중 1학년 234명, 이들의 영원히 잊지 못할 '13학번의 자유학기제' 발표회였다.

학생들의 소중한 시간, 선생님들의 열정적인 기회

자유학기제 연구학교를 신청하고 운영한 지 약 육 개월이 지났다. 전국 42개 학교를 대표하여 2013년 12월 23일에는 700여 명의 교육 관계자 앞에서 운영 사례를 발표했고, 그 뒤로 전국에서 우리 학교의 사례를 벤치마킹하기 위해 방문이 이어지고 있다.

어려운 가정의 학생일수록 자유학기제를 통해 받는 효과가 컸다. 늘 지각과 결석 조퇴를 반복했던 최○○ 학생. 자신의 발언에 귀 기울여 주는 다른 학생들을 보며 수업 시간에 보다 적극적으로 참여하기 시작했고, 자율 과정에 말없이 최선을 다해 참여하는 모습에서 학생이 바뀌어 간다는 걸 느낄 수 있었다.

'재능이 관심사를 만날 때 인재가 탄생한다.'고 했다. 우리 연암중학교 모든 선생님들은 학생들이 자신들의 꿈을 실현할 수 있도록 지속적으로 격려하며 관심을 갖고 지켜보고자 한다.

물론 자유학기제는 학생뿐 아니라, 선생님들에게도 좋은 영향을 주었다. 국어 과목 조은희 선생님의 열정적인 수업은 선생님을 일약 대스타로 만들었고, 전국의 유명한 강사로 초빙되기까지 하는 등 우리 학교의 자랑이 되었다. 열정적인 수업 방식 때문에(달리 말하면 목소리가 하도 커서…….) 옆반에서 수업하는 동료 선생님의 애정 어린 불평도 이제는 일상이 되었다.

도덕 과목 장보영 선생님이 프로젝트 수업에서 진행한 활동인 'NGO 단체 엽서 쓰기'와 'UCC 동영상 만들기'는 영혼의 무게가 실린 수업으로, 그 영향력이 전국으로 파급되기도 했다.

단지 학생들만 바뀌는 것이 아니라, 선생님 역시 변화하고 있었다.

일 년의 자유학기제를 돌아보며

연암중학교는 2013년 학교 평가에서 종합 1위, 각 영역별 1위를 차지했다. 조금 더 자랑하자면, 교수 학습 및 교육 과정 1위, 교육 경영 1위, 교육 성과 1위로 기관 표창 및 전 영역 교사 표창을 수상했다. 시 교육청이 생긴 이래 전 영역 1위는 없었다는 후문도 간간이 들었다. 2013년은 연암중학교가 그랜드 슬램을 달성한 해라고나 할까?

사실 연암중학교는 울산 북구의 작은 학교, 택시 기사조차 위치를 모르는 경우가 있을 정도로 이름 없는 학교이다. 게다가 신설 학교의 신드롬이 사라지면서 점차 무기력해지던 학교였는데, 일 년의 갈고 닦는 시간을 보내고 나서 자유학기제를 맞아 활짝 꽃을 피운 셈이다.

'줄탁동시(啐啄同時)'라는 사자성어가 있다. 미성숙한 사람이 스스로 동기 유발에 의해 행동한다는 뜻도 있고, 성숙한 사람이 도와주는 행동이라는 뜻도 있는 말이다. 훌륭한 인재는 선생님과 학생이 동시에 줄탁동시할 때 탄생하는 것이라는 생각이 든다. 자유학기제는 줄탁동시를 펼칠 수 있는 훌륭한 배경이 되어 주었다.

우리 교육자 모두는

새 시대 새 교육 패러다임이 안착될 수 있도록

더 이상은 '공부의 신'이 아닌 '변화의 신'

더 나아가 이 땅의 모든 학생들의 '희망이 신'이 되어야 한다.

—조벽, 《나는 대한민국의 교사다》 중에서

꿈과 끼를 키우는
자유학기제

첫판 1쇄 펴낸날 2014년 5월 9일
7쇄 펴낸날 2018년 7월 5일

기획 교육부·한국교육개발원
지은이 자유학기제연구학교교사모임 **그린이** 김학수
펴낸이 박창희
편집 길유진 김수진
디자인 전윤정 **마케팅** 정주열
회계 양여진

펴낸곳 (주)라임
출판등록 2013년 8월 8일 제 406-2013-000091호
주소 경기도 파주시 회동길 57-9 파주출판도시 푸른숲 빌딩, 우편번호 10881
전화 031) 955-1820, 1821 **팩스** 031) 955-1825
이메일 lime@limebook.co.kr

ISBN 979-11-951893-6-6 03370

라임은 푸른숲의 자회사입니다.

* 잘못된 책은 구입하신 서점에서 바꾸어 드립니다.
* 본서의 반품 기한은 2023년 7월 31일까지입니다.

이 도서의 국립중앙도서관 출판시도서목록(CIP)은 e-CIP 홈페이지(http://seoji.nl.go.kr)와 국가자료 공동목록시스템(http://www.nl.go.kr/kolisnet)에서 이용하실 수 있습니다.(CIP제어번호 : CIP2014012355)